Oggi in Italia

A First Course in Italian

Sixth Edition

WORKBOOK/LAB MANUAL/VIDEO MANUAL

Franca Celli Merlonghi

Ferdinando Merlonghi

Joseph A. Tursi
State University of New York at Stony Brook, Emeritus

Brian Rea O'Connor
Boston College

Houghton Mifflin Company   Boston   New York

Director, Modern Language Program: E. Kristina Baer
Development Editor: Priscila M. Baldoví
Editorial Assistant: Angela Schoenherr
Senior Manufacturing Coordinator: Priscilla J. Abreu
Senior Marketing Manager: Elaine Uzan Leary

Printed in the U.S.A.

ISBN: 0-395-87970-1

7 8 9-HS-01 00

CONTENTS

Introduction iv

INTRODUCTION

The Workbook/Lab Manual/Video Manual to accompany *Oggi in Italia, Sixth Edition,* contains (1) a workbook section with varied written exercises for each lesson in the student text, (2) a lab section with a series of activities correlated with the recordings that accompany each lesson of the text, and (3) a video section, correlated to the *Parliamo italiano!* video to help develop listening and writing skills in Italian.

Workbook

The Workbook exercises are divided into two sections: *Pratica del vocabolario e della struttura* and *Pratica della comunicazione.* The first section provides reinforcement practice of the lesson vocabulary and grammar topics individually. These exercises can be completed after studying the corresponding text material. The second section contains more open-ended and communicative exercises that help students to integrate the lesson material. This section can be completed at the end of each text lesson. Many of the exercises throughout the Workbook have been revised to increase the amount of personalized and contextualized practice. An Answer Key to the exercises is provided in the Instructor's Resource Manual.

Lab Manual

The Lab Manual is designed for use with the recordings that accompany the text. Written and oral exercises reinforce lesson structures and vocabulary, and provide additional pronunciation practice. Also included are the dialogues from the text and numerous listening-comprehension activities based on conversations, recorded messages and announcements, descriptions. Instructions for all the taped activities are printed in the Lab Manual to serve as an easy-to-follow reference to the recorded exercises. Confirmation responses for oral grammar exercises are provided on the tape, while answers to the written exercises are in the Instructor's Resource Manual following the tapescript.

The following list contains expressions and commands often used in the tape program.

Adesso cominciamo.	Now let's begin.	**Ascolti e scriva.**	Listen and write.
Ascolti.	Listen.	**Ascolti i dialoghi.**	Listen to the dialogues.
Ascolti ancora.	Listen again.	**Ascolti le reclami.**	Listen to the ads.
Ascolti di nuovo.	Listen again.	**Cominciamo.**	Let's begin.
Ascolti e ripeta.	Listen and repeat.	**Legga e poi ascolti.**	Read and then listen.
Ascolti e risponda.	Listen and respond.	**Pronti? Cominciamo.**	Ready? Let's begin.
Ascolti e scelga.	Listen and choose.		

Video Manual

The *Parliamo italiano!* video and accompanying exercises develop listening-comprehension skills and reinforce the language being studied in *Oggi in Italia.* Each workbook section begins with a list of some useful words and expressions that will help you understand the story of the video. The accompanying exercises are divided into three sections: *Preparazione* exercises are to be completed before viewing the video; they will present some of the vocabulary and themes that you will be seeing on the video module. *Comprensione* will help you understand the language of the module. You will have to rewind and watch the module several times in order to complete all exercises. *Espansione* exercises are to be completed after you are thoroughly familiar with the content of the module.

Workbook

Lezione 6   IN PIZZERIA CON GLI AMICI

Pratica del vocabolario e della struttura

A. *I mesi e le stagioni dell'anno.* Write the answers to the following questions.

1. Qual è la tua stagione preferita?

   _____

2. Qual è il tuo mese preferito?

   _____

3. In che mese è il tuo compleanno?

   _____

4. In quale stagione?

   _____

5. In che mese è il compleanno di tua madre?

   _____

6. E di tuo padre?

   _____

7. In quale stagione ti piace andare in vacanza?

   _____

8. Quali sono i mesi dell'anno quando la scuola è chiusa per l'estate?

   _____

B. *I mesi e le stagioni dell'anno.* Tell what seasons of the year you associate with the following scenes. Then mention two activities in which you participate during each season.

1. _____

_____

_____

2. _____

_____

_____

3. _____

_____

_____

4. _____

_____

_____

C. *Espressioni di tempo al passato.* Write five sentences telling what you did according to the hour and time indicated.

1. Ore 10,00 ieri mattina _____

2. Ore 16,00 lunedì scorso _____

3. Ore 20,00 una settimana fa _____

4. Ore 17,00 ieri pomeriggio _____

5. Ore 12,00 domenica scorsa _____

D. *Espressioni di tempo al passato.* Write six sentences telling about what you did using *scorso* in three sentences and *fa* in the other three sentences.

1. _____

2. _____

3. _____

4. _____

5. _____

6. _____

E. *Passato prossimo con avere, essere.* Write what you did yesterday.

➤ andare in centro   **Sono andato/a in centro.**

1. incontrare Adelina alla stazione _____

2. entrare con Adelina in un ristorante _____

3. comprare due tramezzini _____

4. parlare con Adelina per un'ora _____

5. visitare la basilica di San Pietro _____

6. tornare a casa alle quattro del pomeriggio _____

F. *Passato prossimo with **avere** and **essere**.* Tell what the following people did last weekend, using the correct form of the *passato prossimo* of the appropriate verb in parentheses.

1. Paolo _____ con suo fratello. (uscire, finire)

2. Noi _____ con gli amici. (suggerire, mangiare)

3. Piero e Paolo _____ a Perugia. (rimanere, partire)

4. Voi _____ i nonni? (parlare, visitare)

5. Io _____ un film. (vedere, cucinare)

6. Tu _____ in anticipo. (portare, arrivare)

7. Le signore _____ gli amici a casa. (invitare, preparare)

8. Geraldo _____ per Palermo. (arrivare, partire)

G. *Participi passati irregolari.* Write sentences to describe what Cristina did. Use the *passato prossimo* of the verbs listed. *Note:* ball = *palla.*

| scrivere | aprire | perdere | chiudere | rispondere |
| fare una gita *(ride)* | leggere | bere | nascere | discutere |

1. _____

2. _____

3. _____

4. _____

5. _____

6. _____

7. _____

8. _____

H. *Participi passati irregolari.* Write complete sentences, using the words from columns B and C to describe what the people in column A did.

A	B	C
Gino	scrivere	a casa
tu	spendere	un film italiano
noi	vedere	molti soldi
io	fare	un viaggio
voi	mettere	i libri sul tavolo
le amiche	rimanere	tre cartoline *(postcards)*
Laura e Lisa	perdere	le riviste
	leggere	lo zaino

➤ **Gino ha scritto tre cartoline.**

1. _____

2. _____

3. _____

4. _____

5. _____

6. _____

I. *Verbi irregolari: bere.* Tell what the following people drink at Giampiero's party.

➤ Anna / un tè freddo   **Anna beve un tè freddo.**

1. io / bicchiere di vino _____

2. io e Gina / un cappuccino _____

3. Gianni / acqua minerale _____

4. mio fratello / un espresso _____

5. tu e Claudio / birra _____

6. tu / Coca-Cola _____

J. *Verbi irregolari: **dire, uscire.*** Everyone uses the family car. Tell your brother when each member of the family says he/she intends to use the car. Use the verbs *dire* and *uscire.*

➤ la mamma / alle due   **La mamma dice che esce alle due.**

1. Sandra / domani _____

2. Pio e Giorgio / stasera _____

3. io / a mezzogiorno _____

4. tu / alle sei meno un quarto _____

5. Pio ed io / sabato alle otto _____

6. tu e papà / domani mattina _____

Pratica della comunicazione

K. *La risposta logica.* Circle the choice that is a logical response to each sentence given.

1. Ho comprato una bicicletta.

   a. Di che marca è?
   b. Mette molta sete.
   c. Parto a giugno.

2. Ho vinto un milione di dollari!

   a. Salute!
   b. Auguri!
   c. Mi dispiace!

3. Non siete partiti per l'America?

   a. Abbiamo cambiato programma.
   b. È tornato ieri.
   c. Sono andati in vacanza.

4. Sei mai stato in Sicilia?

   a. Sì, domani mattina.
   b. Sì, fra quindici minuti.
   c. Sì, l'estate scorsa.

5. Sapete chi ho visto dal meccanico?

   a. Un controllo ai freni?
   b. Una moto giapponese?
   c. Sergio?

L. *Le stagioni.* Write two things you did last year in each season.

1. in primavera _____ e _____

2. d'estate _____ e _____

3. in autunno _____ e _____

4. d'inverno _____ e _____

M. Last summer Giancarlo took a trip to the Swiss Alps. His two friends Tiziana and Elena preferred to tour Sicily. Using the following list, tell who did what during their trips.

visitare Palermo
partire per la Svizzera il 15 giugno
parlare tedesco con gli abitanti
fare fotografie del Matterhorn
andare spesso alla spiaggia
fare passeggiate in montagna

stare due giorni a Siracusa
passare una settimana al mare
comprare un orologio Swatch
mangiare specialità siciliane
tornare dalla Sicilia il 4 luglio

1. Tiziana ed Elena hanno visitato Palermo. Sono andate _____

_____

_____

_____

_____

2. Giancarlo è partito per _____

_____

_____

_____

_____

N. *Una cartolina.* While you are traveling in Italy with your family, you send a postcard to a friend in America. Tell your friend that you are fine, that the trip is a lot of fun, and two or three things you have done or seen so far.

Ciao   !

1000

_____

_____

_____

Con affetto,

O. *Un viaggio.* Write a paragraph about a real trip you took recently. Tell when you left and when you returned, with whom you went, where you went, what you saw there, and two or three things you did during the trip.

_____

_____

_____

_____

_____

_____

Lezione 7   IL MERCATO ALL'APERTO

Pratica del vocabolario e della struttura

A. *I numeri da 100 in poi e gli alimentari.* Tell how much the following fruits and vegetables cost by writing complete sentences and the prices in Italian.

➤ Quanto costano le mele?   **Le mele costano tremilacinquecento lire al chilo.**

1. —Quanto costano gli zucchini?

   —_____

2. —Signore, prendo mezzo chilo di asparagi.

   —Sì, signore/signorina. Sono _____

3. —Quanto costa un chilo di carote?

   —_____

4. —Posso avere tre pompelmi? Quanto costano al chilo?

   —_____

5. —Sono già puliti *(already cleaned)* i funghi? Vorrei un chilo . Quanto costano?

   —Sì, sono già puliti. _____

6. —Ho bisogno di quattro limoni. Quanto costano al chilo?

   —_____

7. —Desidero otto banane, per favore. Quanto costa un chilo?

   —Subito. _____

8. —Quanto costano due chili di fragole?

   —Ecco due chili. Costano _____

B. *Gli alimentari.* Create a dinner menu for (1) a vegetarian, (2) a hungry 16-year-old, and (3) a person dieting. Be sure to provide a balanced meal for each. Include at least five items for each person.

1	2	3
_____	_____	_____
_____	_____	_____
_____	_____	_____
_____	_____	_____
_____	_____	_____

C. *Aggettivi e pronomi dimostrativi* **questo** *e* **quello.** You are at an international fair with your friend Paola. Ask her which items she prefers. Use the correct forms of *questo* and *quello,* according to the model.

➤ computer giapponese o computer americano?
   Preferisci questo computer giapponese o quel computer americano?

1. calcolatrice grande o calcolatrice piccola?

   _____

2. orologio americano o orologio svizzero?

   _____

3. CD americani o CD italiani?

   _____

4. televisore tedesco o televisore giapponese?

   _____

5. macchine svedesi *(Swedish)* o macchine italiane?

   _____

D. *Aggettivi e pronomi dimostrativi **questo** e **quello**.* You are showing your roommate some items you want to buy for your mother's birthday party. Use the demonstrative adjective and demonstrative pronoun.

➤ verdura   **Vorrei comprare questa verdura e non quella.**

1. fagiolini

   _____

2. pane

   _____

3. uova

   _____

4. banane

   _____

5. peperoni

   _____

6. lattuga

   _____

7. zucchini

   _____

8. salame

   _____

E. *Verbi riflessivi.* Describe how you spend a day of the week, using the verbs suggested.

➤ alzarsi   **Mi alzo alle sette.**

1. svegliarsi _____

2. lavarsi _____

3. prepararsi _____

4. mettersi _____

5. recarsi *(to go)* _____

6. divertirsi _____

7. annoiarsi _____

8. addormentarsi _____

F. *Verbi riflessivi.* Tell what you and your friends from Column A did, using the *passato prossimo* of the verbs in Column B. Write logical sentences adding the items from Column C.

A	**B**	**C**
noi	ricordarsi	studiare la lezione sette
Giacomo	divertirsi (a)	guardare quel programma alla TV
i miei amici	alzarsi	alle otto
voi	lavarsi	presto
io	addormentarsi	andare in centro
tu	prepararsi (per)	la camicia
		le mani

➤ (noi)　　**Ci siamo alzati alle otto.**

1. _____

2. _____

3. _____

4. _____

5. _____

6. _____

G. *Imperativo dei verbi regolari ed irregolari: (tu, noi, voi).* Order a child to do or not to do the following things, as indicated.

➤ giocare con il cane (no)　　**Non giocare con il cane!**
➤ prendere il gelato (sì)　　**Prendi il gelato!**

1. mangiare il panino (no) _____

2. prendere il latte (sì) _____

3. fare attenzione (sì) _____

4. andare a giocare con i bambini (no) _____

5. stare in giardino *(garden)* (sì) _____

6. venire qui (sì) _____

7. essere buona (sì) _____

H. *Imperativo dei verbi regolari ed irregolari: (tu, noi, voi).* Professoressa Mannini tells her students to do or not to do several things.

> ➤ rispondere alle domande (sì) **Ragazzi, rispondete alle domande!**
> ➤ aprire i libri (no) **Ragazzi, non aprite i libri!**

1. leggere il dialogo (sì) _____

2. scrivere queste parole (no) _____

3. aspettare un momento (sì) _____

4. andare in biblioteca (sì) _____

5. chiudere le finestre (no) _____

6. finire il compito (sì) _____

I. *Imperativo dei verbi regolari e irregolari: (tu, noi, voi).* Suggest to your brother that you do some things together.

> ➤ **Andiamo** al mare! (andare)

1. _____ a tennis! (giocare)

2. _____ una gita! (fare)

3. _____ qualcosa! (mangiare)

4. _____ quel film! (vedere)

5. _____ la macchina! (pulire)

6. _____ per Siena! (partire)

J. *Ripasso: Passato prossimo con avere e essere.* Point out that last Thursday the following people did not do one activity but did the other, according to the model. Use the *passato prossimo*.

> ➤ (andare a teatro / lavorare) Pietro
> **Pietro non è andato a teatro; anzi *(rather)* ha lavorato.**

1. (fare la spesa / pulire la macchina) noi

_____

2. (partire alle due / rimanere a casa) Elena

_____

3. (andare al cinema / finire i compiti) gli studenti

_____

4. (dormire / ascoltare la radio) io

_____

5. (guardare la televisione / studiare l'italiano) Margherita ed Elena

_____

6. (arrivare tardi / incontrare Luciana) voi

_____

Pratica della comunicazione

K. *Al mercato all'aperto.* In the space provided, write the letter of the phrase that logically completes each sentence.

1. _____ Paolo e Natalia lavorano a tempo pieno . . .   a. hanno preso una tazzina.

2. _____ Sabato scorso si sono alzati . . .   b. e un chilo di spinaci.

3. _____ Hanno preparato il caffè e . . .   c. e non hanno molto tempo libero.

4. _____ Poi sono andati a fare . . .   d. molto presto la mattina.

5. _____ Prima si sono fermati alla . . .   e. perché c'è un'atmosfera d'allegria.

6. _____ Hanno comprato lattuga, pomodori . . .   f. la spesa al mercato all'aperto.

7. _____ Hanno parlato un po' con . . .   g. il fruttivendolo e sua moglie.

8. _____ Preferiscono il mercato rionale . . .   h. bancarella di un fruttivendolo.

L. *Al supermercato.* A nearby supermarket is conducting a marketing survey to determine the shopping habits of local residents. Fill out the form, providing information as accurately as you can, and guessing when you are not sure.

Dove fa la spesa di solito lei? _____

Dove compra frutta e verdure? _____

Dove compra il latte e altri latticini *(dairy products)*? _____

L'ultima volta che lei è andato/a ad un supermercato . . .

Nome del supermercato _____

Data della visita _____

Tre cose che ha comprato:

prodotto	marca	quantità	prezzo
_____	_____	_____	_____
_____	_____	_____	_____
_____	_____	_____	_____

M. *Cosa ha fatto ieri?* Tell what you did yesterday by answering the following questions.

1. A che ora si è alzato/a? _____

2. Si è vestito/a subito o si è lavato/a prima? _____

3. Ha fatto colazione? Che cosa ha mangiato? _____

4. A che ora è uscito/a da casa? Dove è andato/a? _____

5. Si è divertito/a durante il giorno? Cosa ha fatto? _____

6. Quando è tornato/a a casa? _____

7. Ha studiato o ha guardato la TV la sera? _____

8. A che ora si è addormentato/a? _____

N. *Muoviti!* The people you see in the drawings are having trouble taking action and making a decision. Give two appropriate informal commands for each situation.

1. _____ !   2. _____ !

_____ !   _____ !

3. _____ !   4. _____ !

_____ !   _____ !

O. *Cosa fare in America?* An Italian friend of yours will be traveling in the United States next month and has written to you for advice about places to visit and things to do and see. Answer him/her, suggesting at least six activities. Use informal commands in your suggestions.

Caro/a _____

    sono molto contento/a di sentire che vieni negli Stati Uniti. Quando mi hai scritto recentemente, mi hai chiesto suggerimenti per un bel viaggio americano. Ecco alcuni consigli:

_____

_____

_____

_____

_____

Lezione 8   UNA CENA IN FAMIGLIA

Pratica del vocabolario e della struttura

A. *La famiglia e i parenti.* Complete the following sentences with appropriate words.

1. Un uomo e una donna che si sposano fra poco sono _____.

2. Le figlie delle mie sorelle sono le mie _____.

3. I figli di mio zio sono i miei _____.

4. Il padre di mia madre è mio _____.

5. Il fratello di mia madre è mio _____.

6. La donna sposata con mio fratello è mia _____.

7. I miei zii, i miei cugini, i miei nonni sono i miei _____.

8. Una coppia generalmente si innamora, si _____, e si _____.

9. Quando due persone sposate non vogliono continuare a vivere insieme si

    _____ e si _____.

B. *La famiglia e i parenti.* Select one person from the family tree of the Martinelli family. Imagine that you know that person well and describe him/her, supplying the following information.

Maria Salvatorelli e Paolo Martinelli

Franca Baresi e Mario Martinelli

Matilde Ratiglia e Giuseppe Martinelli

Silvia   Luigi   Marisa   Antonio   Gianni   Elena

1. La persona che ha scelto: _____

2. Dove abita: _____

3. Con chi abita: _____

4. Quanti anni ha: _____

5. Occupazione o professione: _____

6. Due delle sue caratteristiche fisiche: _____

7. Tre delle sue caratteristiche personali: _____

8. Grado di parentela *(relationship)* con altre due persone della famiglia:

   _____

C. *La guida.* Complete the following sentences with one of the expressions listed below. Each expression may be used only once.

controllare l'olio   noleggiare una macchina
fare il pieno   parcheggiare
stazione di servizio   la benzina
guidare   l'agenzia di autonoleggio

1. Quando ho bisogno di benzina è necessario _____ .

2. Ogni settimana vado alla _____ per fare il pieno.

3. È importante fare questo ogni 5000 chilometri: _____ .

4. Vado all'agenzia di autonoleggio per _____ .

5. Mio padre mi ha insegnato a _____ la macchina l'anno scorso.

6. A Roma è difficile _____ le macchine!

D. *Viaggiare.* Complete the following paragraph with the words and expressions listed.

viaggio   fare   bagagli
fa le prenotazioni volo   agenzia di viaggi
passaporto   fanno le valige   macchina
biglietti   treno   valigia

Rosalba pensa di _____ un viaggio in Italia. Telefona

all'_____ e _____ per lei e per sua sorella. Cerca il suo

_____ e lo mette con i _____ del _____ .

Poi va a comprare una nuova _____ perché quella che ha è troppo vecchia.

La mattina del viaggio, lei e la sorella _____ , vanno all'aeroporto e danno i

_____ al portabagagli *(porter)*. Le due sorelle sono molto contente di

_____ .

E. *Dovere, potere, volere.* Complete the following conversation, using the verbs *dovere, potere,* and *volere.*

1. —_____ venire al teatro con noi stasera? (volere)

   —Mi dispiace, ma non _____ . _____ studiare per l'esame

   di fisica. (potere, dovere)

   —Non _____ studiare domenica? (potere)

   —Hai ragione. Allora non _____ fare niente *(nothing)* sabato e

   _____ venire con voi. (dovere, potere)

2. —Anna _____ andare al centro oggi. Tu e Carla _____ venire con

   me e Gabriella? (volere, potere)

   —Sì, (noi) _____ comprare un costume per la festa di Michele. (dovere)

   —Va bene. (voi) _____ incontrare Anna e me alle undici. (potere)

   —D'accordo. (noi) _____ prendere l'autobus delle dieci. (potere)

F. *Aggettivi possessivi.* You are going on a trip to Europe and some members of your family come to see you off at the airport. Who arrives with whom at the airport?

➤ Alberto: il fratello, la sorella   **Alberto arriva con suo fratello e sua sorella.**

1. io: i genitori _____

2. tu: l'amico e l'amica _____

3. Filippo: i nipoti _____

4. Tommaso e Gianni: le sorelle _____

5. la zia: la figlia Anna _____

G. *Aggettivi possessivi.* After the *Carnevale* party, you help your roommate determine who owns some of the items you have borrowed. Use the model as a guide.

➤ Il registratore è di Roberto? (sì)   **Sì, è il suo registratore.**

1. Le audiocassette sono di Piero? (no) _____

2. La chitarra è di Fernando? (sì) _____

3. Le videocassette sono di Martino e Marianna? (no) _____

4. I CD sono di Enrico? (sì) _____

5. I costumi sono di Serafina? (no) _____

6. Le maschere sono tue e di Gina? (sì) _____

H. *Pronomi diretti.* You are in a crowded train with your classmates and some teachers. Call out to find out where the following people are.

1. Marco dove sei? Non _____ vedo.

2. Dove sono Mario e Gino? Non _____ vedo.

3. Signorina Terni, dov'è? Non _____ vedo.

4. Noi siamo qui. Non _____ vedi?

5. Signor Bene e Signora Bene, dove sono? Non _____ vedo.

6. Io sono vicino a Gianni. Non _____ vedete?

7. Dov'è Maria? Non _____ vedo.

8. Dov'è Luigi? Non _____ vedo.

9. Gino e Paolo, dove siete? Non _____ vedo.

10. Dove sono Carla e Alba? Non _____ vedo.

I. *Pronomi diretti.* As you prepare to leave for Italy, your mother asks you if you are doing the following things.

➤ Fai le valige?   **Sì, le faccio.**   (o)   **No, non le faccio.**

1. Hai il passaporto? _____

2. Vai a trovare Claudia prima di partire? _____

3. Mi lasci il tuo indirizzo in Italia? _____

4. Ci chiami domenica sera? _____

5. Chiami Peppe e Marta stasera? _____

6. Ti posso aspettare all'aeroporto quando torni? _____

7. Vai a trovare la nonna a Roma? _____

8. Inviti Laura all'aeroporto? _____

J. *Pronomi diretti.* Use the appropriate forms of the verb *venire* to say that the following persons will come to the university this afternoon to do these things. Use direct object pronouns in your sentences.

➤ noi / comprare il dizionario **Veniamo a comprarlo.**

1. voi / vedere il film francese _____

2. tu / leggere i giornali italiani _____

3. io / incontrare gli amici _____

4. lei / studiare le lezioni _____

5. lui / cercare la professoressa _____

6. loro / prendere i libri _____

K. *Concordanza del passato prossimo con i pronomi diretti.* You and your friends answer the following questions. Use direct object pronouns in complete sentences. The responses may be affirmative or negative.

➤ Ti ha chiamato Marco?   **Sì, mi ha chiamato.**   (o)   **No, non mi ha chiamato.**

1. Ti ha visto il professore? _____

2. Vi hanno invitato a prendere il caffè? _____

3. Ci hai ascoltato? _____

4. Mi hai capito? _____

5. L'hai visto domenica al concerto? _____

6. Li hai chiamati da Milano? _____

L. *Concordanza del passato prossimo con i pronomi diretti.* Your father asks if you've done the following things. Answer in the affirmative or in the negative.

➤ Hai aiutato tua madre? (sì)   **Sì, l'ho aiutata.**
Hai guardato il programma? (no)   **No, non l'ho guardato.**

1. Hai trovato il passaporto? (sì) _____

2. Hai fatto le prenotazioni? (sì) _____

3. Hai chiamato l'agente di viaggi? (no) _____

4. Hai fatto le valige? (sì) _____

5. Hai preso i biglietti? (sì) _____

6. Hai letto i libri su Roma? (no) _____

Pratica della comunicazione

M. *Assolutamente no!* Alessandra and Stefano are making requests of their parents. Circle the answer that would *not* be an appropriate response.

1. Papà, posso andare in Sardegna con Massimo?

   a. No, vogliamo tornare più presto.
   b. No, non mi piace quel ragazzo.
   c. No, devi venire con noi in montagna.

2. Mamma, posso usare la macchina di papà?

   a. No, non puoi usare la mia macchina.
   b. No, perché non usi la tua macchina?
   c. No, la sua macchina è dal meccanico.

3. Papà, mi devi dare ventimila lire.

   a. Sì, eccole!
   b. Perché non le chiedi a tua madre?
   c. Può essere una buona esperienza per te.

4. Mamma, voglio studiare in Inghilterra.

   a. E come pensi di pagare tutte le spese?
   b. Non puoi andare all'estero. Sei troppo giovane!
   c. Devi comprarla al supermercato.

5. Papà, posso uscire con Stefania e Giuliana?

   a. Sì, se tornate presto.
   b. E dove andate?
   c. Ma non sei mai vissuta da sola!

N. *Le piace viaggiare?* Talk about traveling, answering the questions in complete sentences.

1. Le piace viaggiare? Perché? _____

   _____

2. Dove preferisce andare per le vacanze? _____

   _____

3. Come preferisce viaggiare? In macchina? In aereo? _____

    _____

4. Ha mai fatto un viaggio in treno? Si è divertito/a? _____

    _____

5. Ha mai fatto un viaggio con la sua famiglia? Dove siete andati? Vi siete divertiti? _____

    _____

6. Le piace dormire in albergo? Che tipo di alberghi preferisce? _____

    _____

7. Descriva brevemente il suo viaggio ideale. Destinazione. _____

    Con chi viaggia. _____ Periodo dell'anno.

    _____ Mezzo di trasporto. _____

O. *Il mio amico/La mia amica.* Compare yourself with a friend in terms of the items listed below.

    ➤   università   **La sua università è famosa, ma la mia università non è molto famosa.**

    1. genitori _____

    2. famiglia _____

    3. casa _____

    4. amici _____

    5. lavoro _____

    6. macchina _____

P. *La mia famiglia.* Write a short description of your family. Give the names and ages and one or two facts about each family member.

    _____

    _____

    _____

    _____

    _____

    _____

    _____

Lezione 9   UN ANNO ALL'ESTERO

Pratica del vocabolario e della struttura

A. *Che tempo fa?* Write two expressions of weather which you associate with each of the four seasons.

1. la primavera: _____

2. l'estate: _____

3. l'autunno: _____

4. l'inverno: _____

B. *Che tempo fa?* Describe the following scenes of two different seasons, using three complete sentences for each.

_____

_____

_____

_____

_____

_____

C. *Espressioni di tempo con **volta, di, ogni, tutti/e.*** Write how many times or when you do the following things. Complete each sentence with an appropriate and different expression of time.

1. Vado al mare _____ .

2. Mi alzo tardi _____ .

3. Vado a teatro con i miei genitori _____ .

4. Vado in montagna con gli amici _____ .

5. Guido la macchina di mio padre _____ .

6. Guardo la televisione _____ .

7. Ascolto i CD di musica moderna qualche _____ .

D. *Imperfetto.* Tell where you and your friends were yesterday and what you were doing. Write two sentences for each person, by combining the items in columns A and B. Use the imperfect of *essere* in the first sentences.

A	**B**
all'università	ballare
allo stadio	accompagnare la mamma
al concerto	ascoltare la musica
al centro	prendere il treno
in campagna *(country)*	fare una passeggiata
ad una festa	scrivere lettere
alla stazione	guardare la partita
	discutere con gli amici
	leggere un libro

➤ **Pino era all'università. Leggeva un libro.**

1. Lei _____

2. Noi _____

3. Loro _____

4. Voi _____

5. Io _____

6. Lui _____

E. *Imperfetto.* Write what you were doing while you were in Perugia. Use the expressions *ogni giorno, di solito,* and *spesso* with the following activities.

andare al mare
fare molte passeggiate
alzarsi presto la mattina
mangiare in una pizzeria
giocare a pallone
divertirsi con gli amici
prendere il caffè al bar

Quando ero a Perugia _____

_____

_____

_____

_____

_____

F. *Espressioni negative.* Ruggiero always tells lies. Deny everything he says.

➤ Marisa è sempre stanca. (mai)
   Ma che dici? Marisa non è mai stanca!

1. Piero ama ancora Luisa. (più)

   _____

2. Io ti telefono sempre. (mai)

   _____

3. Rosalba dà un passaggio al fratello. (affatto)

   _____

4. Le mie amiche capiscono tutto. (niente)

   _____

5. Vengono tutti alla spiaggia. (nessuno)

   _____

6. Io pago sempre per il caffè e per il dolce. (né . . . né)

_____

7. Mia madre ha quarant'anni. (ancora)

_____

G. *Espressioni negative.* You don't feel well. Answer each of your friend's questions in the negative, using *non* plus another appropriate negative word.

➤ Capisci tutto?   **Non capisco niente.**

1. Chi vedi? _____

2. Studi ancora il francese? _____

3. Prendi spesso il caffè espresso? _____

4. Telefoni anche a Giovanni? _____

5. Discuti di musica con Paola ed Enrico? _____

6. Hai una matita? _____

7. Cosa compri per me? _____

8. Tuo fratello viene con noi? _____

H. *Pronomi personali di forma tonica.* Answer the questions of a classmate by using the appropriate disjunctive pronoun.

➤ Sei andato al cinema con Ada?
Sì, sono andato al cinema con lei.
No, non sono andato al cinema con lei.

1. Abiti vicino a noi?

_____

2. Vuoi venire a ballare con me?

_____

3. Ti ricordi di tuo nonno?

_____

4. Paolo si è seduto accanto a te nella classe d'italiano?

_____

5. Fai delle compere importanti senza tua madre?

   _____
   _____

6. Lavori per tuo padre?

   _____
   _____

I. *Pronomi personali di forma tonica.* Tell your friends what the following people do, using disjunctive pronouns.

➤ Luigi fa il compito da _____ . (lui)   **Luigi fa il compito da sè.**

1. Mangio con _____ (Mario e Pino).

2. La signora impara il russo da _____ (lei).

3. Preparo la colazione da _____ (io).

4. Abbiamo telefonato a _____ (tu e Gloria).

5. Laura ha mandato la lettera a _____ (tu).

6. La professoressa parla di _____ (tu ed io).

J. *Pronomi possessivi.* You are in a restaurant with several people. Your brother doesn't know what the others have ordered. Help him!

➤ Queste patate sono per Gino o per me?   **Non sono sue, sono tue.**

1. Questo pesce è per me o per te? _____

2. Questi fagiolini sono per Luigi o per noi? _____

3. Questa pasta è per te o per Elisabetta? _____

4. Questa birra è per me o per Francesco? _____

5. Queste fragole sono per Marianna o per te? _____

K. *Pronomi possessivi.* There is some confusion because no one has what belongs to him/her. Put the following things in order, explaining the exchange that takes place, according to the model.

➤ Noi abbiamo le sue riviste. (Giorgio)   **Noi abbiamo le sue e lui ha le nostre.**

1. Io ho la tua bicicletta. (tu) _____

2. Lui ha il videoregistratore di Annabella. (lei) _____

3. Noi abbiamo i vostri CD. (tu e Marco) _____

4. Edoardo ha la macchina dei suoi genitori. (loro) _____

5. Tu hai la mia calcolatrice. (io) _____

6. Pino e Gianni hanno le audiocassette di Edoardo. (lui) _____

7. Carlo ha i nostri libri. (noi) _____

L. *Ripasso: Pronomi diretti.* Answer the following questions in complete sentences, using direct object pronouns. The responses may be affirmative or negative.

1. Studi matematica? _____

2. Ascolti i CD inglesi? _____

3. Aiuti sempre tua madre? _____

4. Guardi la televisione spesso? _____

5. Chiami i tuoi amici ogni giorno? _____

6. Compri i giornali italiani? _____

7. Prepari la pasta per la tua famiglia? _____

8. Saluti i professori ogni mattina? _____

Pratica della comunicazione

M. *Domanda e risposta.* The following are sentences taken from several different letters. Decide which phrases in the second column answer questions in the first. Write the letter of the answer next to the appropriate question.

1. _____ Che tempo fa lì da voi?

2. _____ Quando mi mandi le foto della nostra festa?

3. _____ Che ne dici di fare una gita insieme a Perugia?

4. _____ Ti piace vivere all'estero?

5. _____ Cosa fai di bello quest'estate?

6. _____ Avete ricevuto le cartoline che vi ho mandato da Venezia?

a. Grazie. Le abbiamo ricevute martedì scorso.

b. Mi piace, ma è difficile quando non conosci la lingua.

c. Arriviamo fra due giorni.

d. Prometto di mandarle fra poco.

e. Fa caldo, ma tira vento.

f. Mi piace l'idea, ma non ho molto tempo.

g. Niente di speciale. Devo fare un corso estivo all'università.

N. *Una lettera da Roma.* Read the following letter. Then answer the questions with complete sentences, based on what you have read.

Caro Sergio,

eccoci a Roma! Elena ed io siamo nella città eterna da una settimana. Qui c'è molto da vedere ed abbiamo già visto due musei e vari monumenti. Ieri mentre visitavamo le catacombe, Elena ha perduto la sua borsa *(purse)*. Per fortuna una guida alle catacombe l'ha trovata.

Ieri sera avevamo intenzione di andare a mangiare in un ristorante famoso di Trastevere, che è un quartiere pittoresco di Roma. Ma quando stavamo per uscire, pioveva molto forte, così abbiamo deciso di mangiare in albergo e di andare a Trastevere domani sera.

E tu come stai? Fa bel tempo lì da te? Qui piove molto, ma speriamo di vedere il sole domani. Per ora ti saluto in attesa di vederti di nuovo fra una settimana.

Un abbraccio,
Bettina

1. Da quanto tempo è a Roma Bettina? _____

2. Con chi è a Roma Bettina? _____

3. Cosa è successo ieri mentre visitavano le catacombe? _____

_____

4. Cosa volevano fare ieri sera? _____

5. Che cos'è Trastevere? _____

6. Perché le due ragazze hanno deciso di non andare a Trastevere? _____

_____

7. Che tempo fa a Roma? _____

8. Quando si rivedono Sergio e Bettina? _____

O. *Quando avevo sei anni.* Write sentences talking about what life was like when you were six years old. Use the imperfect in your sentences.

1. Dove abitava: Abitavo _____

2. Com'era: Ero _____

3. Tre cose che faceva: _____

_____

_____

4. Due cose che non faceva ancora: _____

_____

5. Due cose che le piacevano: _____

_____

P. *Un programma estivo.* You are applying for a summer program in Italy to improve your speaking ability. Fill out the application form as appropriate.

Centro Studi Italiani Francesco Petrarca: Parma, Firenze, Todi

Nome _____

*Indirizzo _____

*Cittadinanza _____

*Per il corso: _____ elementare _____ intermedio _____ avanzato

*Date del corso:

_____ 12 maggio–10 giugno _____ 13 giugno–9 luglio _____ 12 luglio–9 agosto

*Al Centro di: _____ Parma _____ Firenze _____ Todi

*Le interessano anche lezioni di

_____ ceramica _____ cucina _____ danza folcloristica _____ musica

*Preferisce vivere: _____ con una famiglia italiana _____ in un appartamento

_____ in un dormitorio con altri studenti stranieri

*Dica brevemente perché vuole studiare l'italiano al Centro Francesco Petrarca.

_____

_____

Q. *Il semestre all'estero.* You are returning from a semester-abroad program in Italy, and you have been asked to write a short summary of your experience. Write a paragraph telling where you studied, what courses you took, what the program was like, where you lived, and how you liked this particular place. Use your imagination for the details of your description.

_____

_____

_____

_____

_____

_____

_____

Lezione 10   UNA VIA ELEGANTE

Pratica del vocabolario e della struttura

A. *Articoli di abbigliamento: tessuti e materiali.* Prepare two lists of clothing appropriate for each of the following occasions. Include all the articles of clothing necessary and their colors.

1. You have an important job interview with the personnel director of a private company.

   _____   _____

   _____   _____

   _____   _____

2. You spend a weekend at the shore with a friend.

   _____   _____

   _____   _____

   _____   _____

B. *Articoli di abbigliamento: tessuti e materiali.* Supply at least two appropriate cloths or materials for the following articles of clothing.

➤   cravatta   **seta, poliestere**

1. abito _____

2. pantaloni _____

3. maglia _____

4. scarpe _____

5. gonna _____

6. giacca _____

7. calze _____

8. camicia _____

9. costume da bagno _____

10. calzoncini _____

C. *Colori.* What colors do you associate with the following items?

1. la mela _____

2. gli spinaci _____

3. il latte _____

4. il sale _____

5. la fragola _____

6. il mare _____

7. il cappuccino _____

8. il caffè espresso _____

9. l'arancia _____

10. il limone _____

D. *Contrasto fra l'imperfetto ed il passato prossimo.* Complete the following paragraph logically, using the verbs listed. Use each verb only once. There are two extra verbs.

giocavamo	erano	facevano
abbiamo finito	eravamo	ci siamo divertiti
è partita	era	siamo stati
è andato	ho incontrato	abitavamo
vedevo	ha comprato	

Ieri _____ un mio vecchio amico. _____ dieci anni che non

_____ Vittorio. Quando _____ bambini _____

nello stesso palazzo *(building)*. Lui _____ un ragazzo molto allegro ed energico.

Spesso _____ fra noi e qualche volta le nostre famiglie _____ gite

insieme. Un'estate _____ tutti al mare per quindici giorni e _____

molto. Poi suo padre _____ a lavorare a Milano e tutta la famiglia

_____ con lui per il nord Italia.

E. *Contrasto fra l'imperfetto ed il passato prossimo.* Tell what the first person was doing when the second person interrupted. Use your imagination to explain the situation.

➤ io / dormire / tu / svegliare
Io dormivo tranquillamente quando tu mi hai svegliato con la musica rock.

1. Tonio / mangiare / Laura / chiamarlo

   _____

2. noi / uscire / tu e tuo fratello / arrivare

   _____

3. tu / ballare / io / cambiare la musica

   _____

4. Eugenio / suonare il pianoforte / Margherita / telefonare

   _____

5. Maria e Paola / provare una giacca / io / fare / foto

   _____

6. io ed Anna / discutere / Pietro / entrare

   _____

F. *Contrasto tra l'imperfetto ed il passato prossimo.* Describe how Giovanni and his friend, Lucio, spent the day. Change the verbs in parentheses to the imperfect or the *passato prossimo* as appropriate.

(È) _____ una bella giornata. (Fa) _____ bel tempo. Il sole

(brilla) _____ . Non (ho) _____ molto da fare mentre d'un tratto

(all of a sudden) il telefono (suona) _____ . (È) _____ il mio

amico, Lucio. Mi (domanda)_____ se (voglio) _____ andare al

parco con lui. Io (dico) _____ "Volentieri!" Allora (parto) _____

per casa sua e noi (andiamo) _____ al parco in macchina. Il cielo (è)

_____ azzurro e il tempo (è) _____ sereno. (Troviamo)

_____ un posto dove metterci e (ci sediamo) _____ sull'erba.

(Passiamo) _____ tutto il pomeriggio a riposarci, a parlare dei nostri amici.

(Ci divertiamo) _____ molto!

G. *Plurale di alcuni nomi ed aggettivi.* Write complete sentences, stating that in your city there are the following numbers of things and people.

➤ dieci / liceo classico **Ci sono dieci licei classici.**

1. cinque / biblioteca pubblica _____

2. due / vecchia farmacia _____

3. molto / meccanico _____

4. sei / amico di mio padre _____

5. molto / signorina simpatica _____

6. poco / spiaggia lunga _____

H. *Plurale di alcuni nomi ed aggettivi.* Complete the sentences with the nouns and adjectives below, making the necessary agreements and using each word only once. There are two extra words.

lungo	giacca	antipatico	stanco	valigia
albergo	spiaggia	simpatico	energia	largo
bottega *(shop)*	fantastico	studente	ricco	meccanico
universitario				

Mio fratello lavora in un piccolo _____ con alcuni amici _____ .

Uno dei suoi amici è _____ , ha molta _____ e non è mai

_____ . È _____ ! Mia sorella, invece, lavora in una

_____ e le sue amiche sono _____ . Una sua amica, Marta, è

molto _____ . Ha una macchina _____ e _____ .

Viaggia spesso e porta sempre sei _____ per mettere tutte le sue

_____ di velluto. Beata *(lucky)* lei!

I. *Sapere e conoscere.* Tell whether you know the following persons and places and if you know how to do or can do certain things.

➤ suonare la chitarra
Sì, so suonare la chitarra. (o) **No, non so suonare la chitarra.**

1. guidare una motocicletta _____

2. un'indossatrice _____

3. riparare *(repair)* una macchina _____

4. una coppia sposata recentemente _____

5. disegnare un abito _____

6. la Cina _____

7. dove cambiare soldi italiani _____

8. fare la spesa _____

9. dove abita il Presidente degli Stati Uniti _____

10. quanto costa un chilo di carne in Italia _____

J. *Sapere e conoscere.* Mention three things that you know and do not know and three persons whom you know or do not know.

1. So: _____

2. Non so: _____

3. Conosco: _____

4. Non conosco: _____

Pratica della comunicazione

K. *Comprare una camicia.* Complete the following dialogue with appropriate expressions.

Lei entra in un negozio di abbigliamento. La commessa *(saleswoman)* la saluta e le chiede di che cosa ha bisogno.

Commessa: —Dica, signore.

Lei: —Buona sera. Ho bisogno di _____ .

Commessa: —Di che colore? E che misura?

Lei: —_____

Commessa: —Le piace questa?

Lei: —_____

Commessa: —Forse preferisce questa qui.

Lei: —_____

Commessa: —Sì, ha ragione. È molto bella. È di cotone.

Lei: —_____

Commessa: —Settantamila lire. Desidera altro?

Lei: —_____

Commessa: —Allora paghi alla cassa *(cash register)*. Grazie. Arrivederla.

Lei: —_____

L. *Al negozio d'abbigliamento.* A local clothing store at which you sometimes shop has sent you a short survey about your last visit to the store. Fill out the form with appropriate responses.

1. Quante volte all'anno viene al nostro negozio? _____

2. Trova sempre quello che cerca? (sempre / quasi sempre / raramente)

3. Data dell'ultima visita _____

4. Quello che ha comprato _____

5. Quanto ha speso _____

6. È soddisfatto/a con il suo acquisto? _____

    Perché? _____

7. Ha intenzione di tornare al negozio? _____

    Perché? _____

M. *La sfilata di moda.* Write a short paragraph telling what each person is wearing. Use your imagination to describe fabrics and colors.

La signora indossa _____

_____

_____

_____

_____

_____

_____

_____

N. *Fare la valigia.* You are going on vacation and need to decide what to put in your suitcase. Below is a list of items that you can take. Decide where you are going, choose five items from the list, and tell why you chose each one.

i guanti	i sandali	penna e fogli di carta
un bel libro	calzini di lana	la racchetta da tennis
una radio	un vestito elegante	una cravatta rossa
mille dollari	un costume da bagno	la macchina fotografica
crema antisolare	una guida turistica	una maglia pesante
aspirina	un impermeabile	le scarpette da ginnastica

Vado a/in _____

1. Metto _____ nella valigia perché _____

2. _____

3. _____

4. _____

5. _____

O. *Il corso preferito.* Write a short description of your favorite class in high school. Tell what the subject was, who was in the class, what the teacher was like, what you used to do in the class, and three specific things that you learned or did. Use the imperfect and *passato prossimo* in your description.

_____

_____

_____

_____

_____

_____

_____

Lezione 11   LA SETTIMANA BIANCA

Practica del vocabolario e della struttura

A. *Il corpo umano e oggetti personali utili.* Sottolinei la parola che non appartiene ai gruppi seguenti.

   1.   collo, gola, caviglia

   2.   labbro, braccio, naso

   3.   dito, mano, spalla

   4.   specchio, bagno, rasoio

   5.   occhio, gomito, viso

   6.   pettine, asciugacapelli, spugna

   7.   gamba, testa, orecchio

   8.   stomaco, caviglia, piede

   9.   ginocchio, denti, bocca

  10.   forbici, asciugamano, sapone

B. *Come sta?* Queste persone non stanno bene. Sotto ogni vignetta scriva come si sentono.

1. _____

   _____

2. _____

   _____

3. _____

   _____

4. _____

   _____

C. *Il corpo umano e oggetti personali utili.* Sotto ogni vignetta, scriva quello che fanno le seguenti persone e quali oggetti usano.

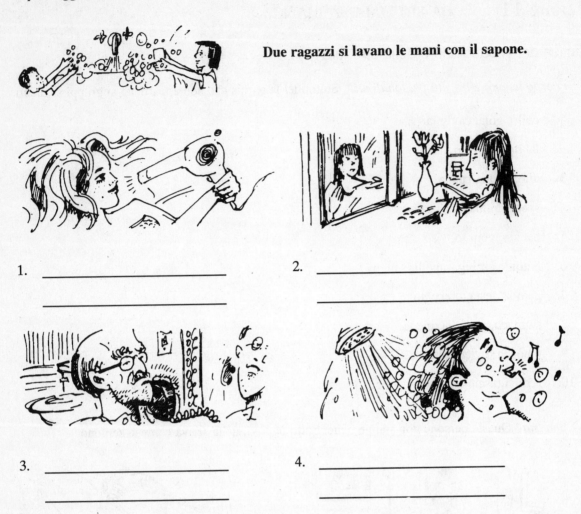

Due ragazzi si lavano le mani con il sapone.

1. _____

   _____

2. _____

3. _____

   _____

4. _____

   _____

D. *Pronomi indiretti.* Sua madre ha ospiti *(guests)* a casa. Risponda alle sue domande. Usi nelle risposte i pronomi indiretti corrispondenti alle parole in corsivo *(italics).*

➤ Hai telefonato *alle tue cugine?* (sì)
   Sì, ho telefonato loro. (Sì, gli ho telefonato.)

1. Hai offerto un aperitivo *ai signori Cristini?* (sì) _____

2. Hai chiesto *a Giacomo* di portare i CD italiani? (no) _____

3. Hai mostrato le foto *alle tue amiche?* (sì) _____

4. Hai preparato il caffè per *tuo padre?* (no) _____

5. Hai detto *a me* che Luca viene? (no) _____

6. Hai spiegato le direzioni *alla signora Minci?* (sì) _____

E. *Pronomi indiretti.* Lei è arrivato/a con alcune persone all'albergo per le vacanze ma le sue valige sono andate perse *(lost)*. Dica cosa chiede alle seguenti persone di prestarle.

➤ mio fratello / un rasoio   **Gli chiedo un rasoio.**

1. la mia amica / l'asciugacapelli _____

2. Piero e Gino / il dentifricio _____

3. voi / un pettine _____

4. tu / due fazzoletti _____

5. l'amica di Claudio / lo shampoo _____

6. a tutti gli amici / cinquantamila lire _____

7. Paolo / un paio di pantaloni _____

8. tu e Renato / tre camicie _____

F. *Costruzioni con piacere.* Indichi le sue preferenze, scegliendo dalla lista che segue.

il cappuccino	viaggiare	i film di Harrison Ford
spendere	il vino italiano	il cibo alla mensa
il football	cucinare	

➤ **Mi piace cucinare, ma non mi piace pulire la casa.**

1. _____

2. _____

3. _____

4. _____

5. _____

6. _____

7. _____

G. *Costruzioni con piacere.* Dica cosa è piaciuto o non è piaciuto alle seguenti persone che sono state in vacanza con lei.

➤ un'amica / la Spagna (no)   **Non le è piaciuta la Spagna.**

1. (io) / il volo (sì) _____

2. la professoressa / i mercati spagnoli (sì) _____

3. Silvio / il cibo spagnolo (no) _____

4. tu e Stefania / le città spagnole (sì) _____

5. Gloria e Gianni / le macchine europee (no) _____

6. (io e Pino) / i negozi a Bergamo (sì) _____

H. *Imperativo con i pronomi lei e loro.* Lei ha suo fratello Andrea e il suo professore di storia a cena. Dica al professore le stesse cose che dice ad Andrea.

➤ Andrea, prendi quella sedia!
Professore, prenda quella sedia!

1. Andrea, vieni nella sala da pranzo! _____

2. Andrea, dimmi come stai! _____

3. Andrea, bevi un po' di vino! _____

4. Andrea, non preoccuparti del gatto! _____

5. Andrea, finisci la pasta! _____

6. Andrea, mangia questo dolce! _____

7. Andrea, non dimenticare l'ombrello! _____

8. Andrea, salutami la mamma! _____

I. *Imperativo con i pronomi lei e loro.* Lei lavora in un albergo come portiere *(concierge)* e dà consigli ad alcuni ospiti. Usi l'imperativo di *lei* e *loro* nell'affermativo o nel negativo. Se possibile, spieghi il motivo dei suoi consigli.

➤ Mio fratello ed io cerchiamo un buon ristorante.
Mangino in quel ristorante. (Il cibo è buono.) (o)
Non mangino in quel ristorante. (Il cibo è pessimo.)

1. Voglio visitare il Museo delle Belle Arti. _____

2. Vogliamo andare al lago qui vicino. _____

3. Vogliamo vedere uno spettacolo alla televisione. _____

4. Desideriamo prenotare quattro biglietti per il concerto. _____

5. Pensiamo di sciare sulle Alpi. _____

6. Abbiamo bisogno di una valigia di cuoio. _____

7. Devo comprare un vestito nuovo. _____

J. *Ripasso: Contrasto fra l'imperfetto ed il passato prossimo.* Dica cosa faceva la prima persona quando la seconda è intervenuta.

➤ tu / sciare / io / arrivare   **Tu sciavi quando io sono arrivato.**

1. noi / telefonare agli amici / lui / partire _____

2. io / mangiare / Antonia / entrare _____

3. mentre Giulio / parlare / Luigi / cadere _____

4. mentre tu / cucinare / noi / fare colazione _____

5. mentre voi / dormire / Maria / farsi la doccia _____

6. la mamma / cercare / un abito verde / mentre papà / provare una giacca marrone

_____

7. mentre io / radersi / tu / pettinarsi i capelli _____

Pratica della comunicazione

K. *La domanda giusta.* Indichi quale delle due domande o frasi corrisponde alla risposta che segue.

1. (a) Ti piacciono i miei sci?   Sì, dove li hai comprati?
    (b) Ti piace sciare?

2. (a) Hai parlato con Paola?   Ancora no. Gli telefono appena torno
    (b) Hai parlato con Giancarlo?   a casa.

3. (a) Che cosa mi ha detto?   Non ti ho detto niente.
    (b) Che cosa ti ha detto?

4. (a) Hai trovato i soldi?   No, ma la chiedo allo zio.
    (b) Hai trovato una macchina?

5. (a) Ho risparmiato diecimila lire.   Oh, mi dispiace!
    (b) Mi sono rotto la gamba.

6. (a) Abbiamo bisogno di un computer.   Vi presto il mio.
    (b) Ha voglia di comprare un computer.

L. *Le cose che piacciono.* Scriva

1. tre cose che le piacciono

    Mi piace/piacciono . . .

    _____

    _____

2. tre cose che non le piacciono

    _____

    _____

3. due cose che da bambino/a non le piacevano ma che ora le piacciono

    Da bambino/a non mi piaceva/piacevano . . . , ma ora . . .

    _____

    _____

4. due cose che da bambino/a le piacevano, ma che non le piacciono più.

    _____

    _____

M. *Un sondaggio sui film.* La rivista *Cinema in* vuole sapere le opinioni del pubblico per quanto riguarda film recenti. Così le manda il seguente questionario. Risponda alle domande.

> Qual è il titolo dell'ultimo film che lei ha visto? _____
>
> Quando e dove l'ha visto? _____
>
> Le è piaciuto il film?   molto / abbastanza / poco
>
> Dica quali sono gli elementi (attori, trama *[plot]*, musica) del film che le sono piaciuti e quelli che le sono piaciuti di meno.
>
> _____
>
> _____
>
> _____
>
> Quante volte è andato/a al cinema nell'anno passato? _____
>
> Quale film le è piaciuto di più? _____
>
> Quale film le è piaciuto di meno? _____

N. *Prima di uscire.* Lei sta per uscire per la prima volta con un ragazzo/una ragazza che le piace molto. Avete un appuntamento per una cena romantica in un ristorante elegante e dopo, forse due salti in discoteca. Come si prepara per l'appuntamento? Come si veste? Scriva tutte le cose che fa prima di uscire.

_____

_____

_____

_____

_____

O. *L'extraterrestre.* Ieri sera è successa una cosa incredibile: un UFO è atterrato nel gairdino della sua casa ed è uscito . . . un extraterrestre! Descriva la creatura che ha visto con tutte le sue caratteristiche bizzarre.

➤ Era orribile! Aveva cinque braccia e . . . .

_____

_____

_____

_____

Lezione 12   CHI GIOCA?

Pratica del vocabolario e della struttura

A. *Gli sport.* Scriva il nome dello sport che lei associa con queste attività.

1. Andare a cavallo: _____

2. Andare in bicicletta: _____

3. Giocare a pallone: _____

4. Andare a sciare: _____

5. Andare in barca: _____

6. Pattinare: _____

7. Correre: _____

B. *Gli sport.* Dica quali sport praticano le persone nei disegni.

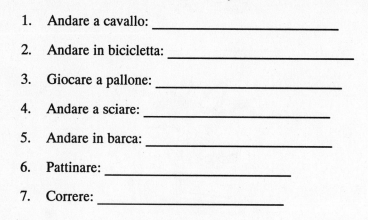

1. _____   2. _____

3. _____   4. _____

5. _____

6. _____

7. _____

8. _____

C. *Futuro semplice.* Dica quello che farà domani e quello che farà dopodomani ciascuna delle persone della colonna A.

A	B	C
Giancarlo	scalare una montagna	fare un viaggio
io	mangiare troppo	essere stanco/a *(tired)*
tu	lavorare molto	sentirsi male
noi	fare una gita	andare alla partita
i miei amici	comprare i biglietti	stare a casa
Francesca	per il treno	andare al cinema
	fare le spese	partire per Venezia

➤ (noi) **Domani compreremo i biglietti per il treno. Dopodomani faremo un viaggio.**

1. _____

_____

2. _____

_____

3. _____

_____

4. _____

_____

5. _____

_____

6. _____

_____

D. *Futuro semplice.* Completi ciascuna delle frasi seguenti usando la forma corretta del verbo appropriato fra parentesi.

1. La settimana prossima io _____ a visitarti. (venire, partire)

2. Tu mi _____ aspettare alla stazione? (dare, potere)

3. Noi _____ tempo abbastanza per andare alla partita di domenica? (avere, essere)

4. I nostri amici ci _____ accompagnare alla partita! (vedere, dovere)

5. Io cosa _____ alla partita? (portare, rispondere)

6. Noi _____ qualcosa dopo la partita, non è vero? (prendere, perdere)

7. Gli amici cosa _____ dopo la partita? (fare, andare)

8. Tu _____ a trovarmi a Firenze in autunno? (venire, potere)

E. *Usi del futuro.* Risponda alle seguenti domande di un amico mentre guardate la TV. Usi il futuro di probabilità.

➤ Che programma è? (un dramma)   **Sarà un dramma.**

1. Che ore sono? (le dieci) _____

2. Chi è quel signore alla tv? (il presidente) _____

3. Chi sono quelle donne? (attrici italiane) _____

4. Dov'è Budapest? (in Ungheria) _____

5. Come sta il Papa? (bene) _____

6. A che ora finisce questo programma? (verso mezzanotte) _____

7. Di chi sono queste riviste televisive? (di Lisa) _____

8. Dov'è Michael Jackson ora? (in Europa) _____

F. *Usi del futuro.* Completi le seguenti frasi in modo originale, dicendo quello che lei fa o farà. Faccia attenzione al tempo dei verbi.

➤ Se andrò a Roma, **visiterò i Musei Vaticani.**

1. Quando arriverò all'università dopo le vacanze, _____

2. Appena torno a casa, _____

3. Se io e Carlo avremo tempo, _____

4. Se ho soldi, _____

5. Appena arriverò in Val Gardena, _____

6. Quando io ed i miei amici andiamo in Francia, _____

7. Andrò a Napoli con mia sorella, appena _____

8. Alloggeremo *(We'll stay)* nell'albergo Excelsior, se _____

G. *Trapassato.* Completi la descrizione, mettendo i verbi tra parentesi nel trapassato.

Ieri ho parlato con Giampiero e mi ha detto che domenica scorsa lui (incontrare)

_____ alcuni nostri amici alla partita Roma-Napoli. Lui (andare)

_____ con Susanna e Gina e loro (sedersi) _____

con altri nostri amici. Tutti (decidere) _____ di fare il tifo per la

Roma perché (frequentare) _____ l'università di Roma. Le amiche

(portare) _____ molto da mangiare e i giovani (pensare)

_____ a qualcosa da bere. Tutti (divertirsi) _____

ma purtroppo, alla fine, il Napoli (vincere) _____ , 1–0.

H. *Ripasso: Imperativo con i pronomi lei e loro.* Lei abita a Roma. Dia le direzioni ad un turista che vuole andare da Piazza di Spagna alla spiaggia di Ostia. Usi tutte le espressioni che seguono nella forma corretta dell'imperativo.

prendere l'autobus numero 56 / scendere alla stazione Termini / cercare l'entrata della metropolitana / fare il biglietto, e / seguire la scritta *Ostia* / prendere il treno per Ostia / scendere alla fermata *Ostia Centrale.*

➤ **Prima vada a via Barberini e poi . . .**

_____

_____

_____

_____

_____

_____

Pratica della comunicazione

I. *Al Palazzo dello Sport.* Un amico la invita al Palazzo dello Sport a vedere una partita. Scriva frasi appropriate negli spazi indicati.

—Vuoi venire con noi al Palazzo dello Sport domani pomeriggio?

—_____

—Ma dai! Non puoi prendere un giorno di riposo? Sarà una partita eccezionale.

—_____

—Benissimo! Allora, la partita comincerà alle tre e mezzo. Ci incontreremo davanti allo stadio?

—_____

—Verrà anche Luciano. Perché?

—_____

—Sì, hai ragione. Fare il tifo per la propria squadra è bello, ma Luciano esagera.

—_____

—Dunque, il biglietto costa quindicimila lire.

—_____

—Ma non importa. Mi puoi pagare domani.

—_____

—Ciao. A domani!

—_____

J. *Cosa farà?* Scriva:

1. tre cose che lei farà stasera prima di andare a dormire

   _____

   _____

   _____

2. tre cose che lei farà il prossimo venerdì sera

   _____

   _____

   _____

3. tre cose che lei farà durante le prossime vacanze

   _____

   _____

   _____

K. *Quale sport?* Guardi i seguenti disegni e legga quello che dicono le persone nei disegni. Poi scriva quale sport va bene per ogni persona e dica perché.

Mi piace stare da solo e amo molto la natura.

Mi piace essere in compagnia di altre persone e sentire di essere parte di un gruppo. Mi piacciono le gare competitive.

Dopo una lunga giornata di lavoro, desidero un modo di dimenticare lo stress dell'ufficio e di migliorare la salute.

➤ **Questa persona deve praticare . . . perché . . . .**

1. _____

_____

2. _____

_____

3. _____

_____

L. *Le piace lo sport?*

1. Parli di uno sport che le piace praticare e dica perché.

_____

_____

2. Parli di uno sport che le piace guardare alla televisione e dica perché.

_____

_____

3. Parli di uno sport che non le interessa molto e dica perché.

_____

_____

M. *Il mondo del futuro.* Come sarà il mondo del XXI secolo? Risponda alle seguenti domande, usando il futuro dove appropriato.

1. Secondo lei, quali saranno le nazioni più importanti del prossimo secolo? E quali saranno le lingue più importanti?

_____

_____

2. Quali cambiamenti ci saranno nella tecnologia? Nella medicina?

_____

_____

3. Le donne avranno più potere politico e economico negli Stati Uniti e nel mondo? Ci sarà una donna presidente degli Stati Uniti nel XXI secolo?

_____

_____

4. Come cambierà la cultura popolare? Quale sport sarà più popolare? Che tipo di musica ascolteranno i giovani?

_____

_____

Lezione 13 CENTO DI QUESTI GIORNI!

Pratica del vocabolario e della struttura

A. *Alimenti e pasti.* Immagini di essere con due amici in un ristorante elegante. Lei deve decidere anche quello che mangerà ciascuno dei suoi amici. Prepari tre liste diverse scegliendo i piatti dal menu riportato *(shown)*.

LA PORTA ROSSA   *Via Gucci, 18 - 20151 Milano - Tel. (02) 30042*

Antipasti	Prosciutto e melone	**Verdure**	Patate al forno
	Mozzarella e pomodoro		Melanzane alla griglia
	Insalata di mare		Funghi trifolati
	Antipasto misto		Piselli al prosciutto
			Mais° al burro **Corn**
			Insalata mista
Primi Piatti	Risotto allo champagne		
	Ravioli al salmone	**Dolci**	gelato, torte e paste
	Fettuccine al burro		assortite
	Minestrone		
	Pastina in brodo		frutta e formaggio
	Zuppa di pesce		
	Zuppa di verdure	**Bevande**	acqua minerale
Secondi Piatti	Agnello al forno		bevande gassate
	Arrosto di maiale		vino
	Vitello tonnato		birra
	Bistecca ai ferri		caffè
	Sogliola al limone		tè
	Fritto di calamari		
	Scampi alla griglia		

---

1. Quello che mangia lei (che non ha molta fame):

   _____

   _____

   _____

2. Quello che mangia uno dei suoi amici (che è a dieta):

_____

_____

_____

3. Quello che mangia l'altro amico/altra amica (che è vegetariano/a):

_____

_____

_____

B. *Alimenti e pasti.* Faccia una lista di tre cose che generalmente mangia o beve a colazione, a pranzo e a cena.

1. a colazione: _____

2. a pranzo: _____

3. a cena: _____

C. *Un posto a tavola.* Dica il nome degli oggetti che si usano per le seguenti cose.

➤ per mangiare la torta   **Uso la forchetta.**

1. per bere la birra _____

2. per mangiare la pastasciutta _____

3. per mettere lo zucchero nel caffè _____

4. per portare la carne a tavola _____

5. per mangiare la carne _____

6. per pulirmi la bocca _____

D. *Rivenditori e negozi.* Scriva dove e da chi lei compra i seguenti prodotti.

➤ il prosciutto   **in salumeria dal salumiere**

1. il vitello _____

2. la torta _____

3. il merluzzo _____

4. la mortadella _____

5. il latte _____

6. il pane _____

7. la sogliola _____

8. il maiale _____

9. le paste _____

E. *Condizionale.* Risponda alle seguenti domande usando il condizionale.

1. Dove vorrebbe essere adesso?

_____

2. Cosa farebbe?

_____

3. Chi inviterebbe ad andare in vacanza con lei?

_____

4. Quale attore (attrice) vorrebbe conoscere e perché?

_____

5. Cosa gli (le) direbbe?

_____

6. Se potesse rinascere *(be born again)*, chi vorrebbe essere e perché?

_____

F. *Condizionale.* Dica quello che Paolo farebbe se vincesse *(were to win)* un viaggio.

Se vincessi un viaggio, (abitare) _____ in un piccolo appartamento.

Io (cucinare) _____ un bel pranzo per gli amici prima di partire. Arturo (portare)

_____ delle aragoste e Pierina (preparare) _____ una bella

macedonia di frutta. Al mio ritorno, io (invitare) _____ tutti a casa e (mostrare)

_____ loro le mie fotografie e noi tutti (divertirsi) _____ molto.

G. *Condizionale.* Dica perché lei e i suoi amici non farebbero mai certe cose.

➤ noi / andare a sciare   **Noi non andremmo mai a sciare perché è pericoloso.**

1. tu / fare un viaggio in Cina _____

2. io / vedere quel film svedese _____

3. Lucia / alzarsi così presto _____

4. Lorena e Mario / spendere tanto per gli scampi _____

5. tu e Susanna / mangiare in quel ristorante _____

H. *Pronomi combinati.* Dica quello che lei fa e altre persone fanno ad una festa, sostituendo ai sostantivi *(nouns)* in corsivo i pronomi diretti e indiretti.

➤ Filippo spiega *la ricetta a Paola.*   **Filippo gliela spiega.**

1. Chiedo *il numero di telefono a due signorine.* _____

2. Presenta *la sua amica a me.* _____

3. Facciamo *gli auguri a Giulio.* _____

4. Teresa *offre i dolci agli amici.* _____

5. Mostro *le videocassette ad Anna.* _____

6. Preparate *il tramezzino per me?* _____

7. Do *il caffè alla mamma.* _____

I. *Pronomi combinati.* Nelle seguenti conversazioni, completi le risposte usando le forme appropriate dei pronomi combinati.

➤ —Mi puoi prestare la macchina domani?
  —Sì, posso **prestartela.**

1. —Devi mandare gli sci ad Elena e Lucia?

   —No, non devo _____

2. —Vuoi metterti la giacca marrone?

   —No, non voglio _____

3. —Devi preparare la colazione per la mamma?

   —Sì, devo _____

4. —Devi fare gli auguri a noi!

    —Sì, devo _____

5. —Puoi spedire il pacco a Tonio?

    —No, non posso _____

6. —Devi telefonare la notizia a Stefania.

    —Sì, devo _____

J. *Due significati speciali di* **da.** Dica da quanto tempo lei fa queste cose.

    ➤ parlare al telefono   **Parlo al telefono da due ore.**

    1. studiare la matematica _____

    2. scrivere ad un amico/un'amica speciale _____

    3. studiare l'italiano _____

    4. guidare una macchina _____

    5. fare acquisti il sabato _____

    6. fare questo esercizio _____

    7. abitare in questa casa _____

    8. frequentare questa università (scuola) _____

K. *Due significati speciali di* **da.** Un amico le chiede se può incontrarlo un giorno della settimana prossima. Guardi l'agenda e dica cosa deve fare ogni giorno, usando la forma corretta di *da,* secondo il modello.

    ➤ lunedì / dottore   **Lunedì sono dal dottore.**

    1. martedì sera / Guglielmo _____

    2. mercoledì a mezzogiorno / professore d'inglese _____

    3. giovedì mattina / dentista _____

    4. venerdì pomeriggio / mio amico Fernando _____

    5. sabato sera / amici di Mario _____

    6. domenica mattina / miei genitori _____

L. *Verbi riflessivi con significato di reciprocità.* Viola e Pino sono due amici suoi e si amano molto. Scriva un piccolo brano, includendo le espressioni che seguono nel presente.

conoscersi da due anni   salutarsi con un bacio *(kiss)*
vedersi ogni giorno   incontrarsi alla discoteca
telefonarsi ogni giorno   scriversi ogni settimana
amarsi molto   sposarsi domenica prossima

_____

_____

_____

_____

_____

_____

_____

M. *Verbi riflessivi con significato di reciprocità.* Lei è tornato/a dalla California ieri e sull'aereo ha incontrato un bel ragazzo/una bella ragazza. Completi il brano che segue, usando il passato prossimo dei verbi fra parentesi.

Ieri, mentre ero sull'aereo, ho visto un bel ragazzo/una bella ragazza. Noi (guardarsi)

_____ un momento e poi noi (salutarsi) _____ .

Dopo un po' di tempo, noi (parlarsi) _____ e (scambiarsi)

(exchanged) _____ numeri di telefono. Più tardi, (incontrarsi)

_____ vicino al bar dell'aereo. Quando siamo arrivati all'aeroporto,

(aiutarsi) _____ a trovare le nostre valige. Poi (dirsi)

_____ arrivederci ma (promettersi) _____ di

telefonarci fra poco.

N. *Ripasso: Futuro semplice.* Lei scrive una lettera a sua cugina Laura per informarla del suo prossimo viaggio a Firenze. Usi la forma corretta del futuro dei verbi indicati. Usi ogni verbo solo una volta.

spedire   avere   venire   bere   arrivare

andare   vedere   essere   vendere   telefonare

Cara Laura,

mercoledì prossimo _____ a Firenze. Ti _____ appena

_____ alla stazione. Non _____ molto tempo libero,

ma ti _____ con piacere. _____ qualcosa insieme e poi

_____ all'università. _____ alla stazione verso le dieci

di mattina.

                                                Ciao.

Pratica della comunicazione

O. *Le frasi.* Formuli frasi di senso compiuto abbinando gli elementi della colonna A con quelli della colonna B. Poi le scriva sotto l'illustrazione appropriata.

A
Ornella telefona ai suoi amici
Vittorio ha cucinato
Enrico scrive ad una sua amica
C'è una bella torta
Pino è in cucina
Un gruppo di amici

B
sul tavolo della cucina.
fa gli auguri a Marta.
per il suo compleanno.
perché vuole organizzare una festa.
ed aiuta la madre a cucinare.
un grande piatto di spaghetti alla carbonara.

1. _____

    _____

2. _____

    _____

3. _____   4. _____

    _____   _____

5. _____   6. _____

    _____   _____

P. *L'amico/a migliore.* Chi è il suo migliore amico o la sua migliore amica *(best friend)*? Rispondete alle domande che chiedono informazioni su quest'amico/a.

1. Come si chiama? _____

2. Quando e dove vi siete conosciuti? _____

3. Vi vedete spesso? Quanto spesso? _____

4. Vi siete visti ieri? Perché? _____

    _____

5. Vi scrivete lettere e cartoline quando andate in vacanza?

    _____

6. Andate sempre d'accordo? Perché? _____

    _____

Q. *Cosa pensano veramente?* Queste persone sono venute ad una festa per il compleanno di Adriana, e adesso le fanno gli auguri. Ma è chiaro che al momento del brindisi ogni invitato pensa ad altro. Scriva quello che pensano, scegliendo frasi dalla lista che segue.

1. Spero che le piacerà il regalo che le ho portato.

2. Tutti gli altri si sono vestiti elegante ma io no!

3. Che buona torta!

4. Che ore sono? Devo andare fra poco.

5. Ho lasciato aperta la porta della casa!

6. Mi piacerebbe conoscere questo ragazzo!

7. Che sete! Potrei bere tutta la bottiglia di spumante!

R. *Una festa straordinaria.* Lei è molto ricco/a. Vorrebbe dare una festa per i suoi amici e può spendere 500.000 dollari. Come sarebbe questa festa? Dove sarebbe? Quali cibi servirebbe? Che tipo di musica ci sarebbe? Quali persone verrebbero? Descriva questa festa straordinaria in almeno sei frasi usando il condizionale.

_____

_____

_____

_____

_____

_____

Lezione 14 LE NOTIZIE DI OGGI

Pratica del vocabolario e della struttura

A. *Paesi e capitali d'Europa.* Scriva il nome del paese che corrisponde a ciascuna delle seguenti capitali. Usi l'articolo determinativo.

1. Parigi _____

2. Varsavia _____

3. Atene _____

4. Londra _____

5. Lisbona _____

6. Vienna _____

7. Madrid _____

8. Budapest _____

B. *La radio e la televisione.* Completi le seguenti frasi scegliendo la parola appropriata fra quelle tra parentesi.

1. Ragazzi, potete _____ la tv; è troppo forte! (accendere, abbassare, registrare)

2. Molta gente preferisce guardare _____ . (il canale televisivo, il giornale radio, la televisione a colori)

3. Il presidente sta per partire. Vuoi _____ la televisione? (accendere, seguire, trovare)

4. La persona che guarda la televisione si chiama _____ . (telespettatore, televisivo, telefonico)

5. ABC, NBC e CBS sono tre grandi _____ americane. (squadre sportive, sviluppi economici, reti televisive)

6. Dopo il telegiornale delle ventitré _____ il televisore e vado a letto. (accendo, spengo, vendo)

7. Anche i canali televisivi statali _____ . (alzano il volume, fanno la pubblicità, cambiano canale)

8. Il programma che trasmette notizie alla radio si chiama _____ . (la trasmissione, il giornale radio, in diretta)

C. *Congiuntivo presente: verbi che esprimono desiderio, volontà e speranza.* Anna, una studentessa liceale e sua madre non vanno d'accordo su varie cose. Dica cosa dice sua madre, incominciando ogni frase con *Preferisco che tu.*

➤ lei: Voglio uscire.   **Madre: Preferisco che tu non esca.**

1. Voglio invitare i miei amici. _____

2. Voglio passare le vacanze a Roma. _____

3. Voglio essere libera ed indipendente. _____

4. Voglio andare in Val Gardena. _____

5. Voglio organizzare una festa. _____

6. Voglio guidare la macchina di papà. _____

D. *Congiuntivo presente: verbi che esprimono desiderio, volontà e speranza.* Lei ed alcuni amici partono per un viaggio in montagna e sperano di fare una buona vacanza. Esprima *(Express)* le cose che sperano.

➤ non fare freddo   **Speriamo che non faccia freddo.**

1. non esserci traffico sull'autostrada

_____

2. l'albergo essere comodo

_____

3. esserci molti buoni ristoranti

_____

4. fare bel tempo ogni giorno

_____

5. tutti divertirsi

_____

6. l'albergo avere una bella piscina

_____

E. *Congiuntivo presente: desiderio, ecc.* Spieghi cosa desiderano le persone della colonna A, usando gli elementi delle colonne B, C e D. Le frasi possono essere nell'affermativo o nel negativo. Scriva frasi di senso compiuto.

A	**B**	**C**	**D**
la mamma	desiderare	io	trovare un lavoro
il mio amico	volere	tu	cercare altri amici
mio fratello/	preferire	noi	non tornare a casa
mia sorella	sperare	voi	tardi
papà	suggerire	i miei amici	invitarmi in
i miei genitori		i miei fratelli	discoteca
io			ascoltare le notizie
			interessarsi di moda
			fare un viaggio

➤ **La mamma vuole che tu non torni a casa tardi.**

1. _____

2. _____

3. _____

4. _____

5. _____

6. _____

F. *Congiuntivo con espressioni impersonali.* Scriva se è probabile o no che lei faccia le seguenti cose questa settimana e perché.

➤   (lavorare fino alle sette) (sì)
  È probabile che io lavori fino alle sette perché ho molto da fare. (o)
  Non è probabile che io lavori fino alle sette perché non ho niente da fare.

1. (andare al cinema) (no) _____

2. (uscire tardi dal lavoro) (sì) _____

3. (recarsi [*to go*] in città) (no) _____

4. (mangiare con voi) (sì) _____

5. (pagare il conto) (no) _____

6. (fare due salti in discoteca) (sì) _____

7. (visitare le nostre amiche) (sì) _____

8. (riprendere a studiare) (no) _____

G. *Congiuntivo con espressioni impersonali.* Marta va a visitare i parenti. Trascriva le seguenti frasi aggiungendo le espressioni indicate. Cambi i verbi al presente del congiuntivo se necessario.

> ➤ Marta parte alle tre. È necessario che . . . **È necessario che Marta parta alle tre.**

1. Lei arriva a Venezia alle otto. È probabile che

    _____

2. Porta tre valige con sè. È bene che

    _____

3. Giovanni l'aspetta alla stazione. È possibile che

    _____

4. Lui l'aiuta con i bagagli. È meglio che

    _____

5. Vanno direttamente a casa di Giovanni. È opportuno che

    _____

6. La mamma di Giovanni le prepara un bel pranzo. Sembra che

    _____

7. Tutti si divertono a tavola. È sicuro che

    _____

H. *Congiuntivo con espressioni impersonali.* Lei e suoi amici fanno dei piani per la fine settimana. Completi le frasi seguenti scrivendo la forma appropriata del verbo fra parentesi. Alcuni verbi saranno nel congiuntivo, altri nell'indicativo ed altri nell'infinito *(infinitive).*

1. È possibile _____ per Roma? (partire)

2. È preferibile che noi _____ alla discoteca sabato sera. (andare)

3. Pare che tu _____ più idee per la fine settimana di me! (avere)

4. È impossibile _____ i biglietti per la partita di domenica. (trovare)

5. È ora che lui _____ al ballo con noi! (venire)

6. È certo che io _____ fare molte cose questa fine settimana. (volere)

7. È meglio _____ le amiche di Aldo alla discoteca. (invitare)

8. È bene che loro _____ il conto una volta quando usciamo! (pagare)

9. È probabile che lei _____ con noi. (uscire)

10. Sembra che noi non _____ pensare ad altre cose da fare. (potere)

I. *Ripasso: Pronomi combinati.* Le persone della colonna A vogliono avere o fare certe cose. I loro amici indicati nella colonna C li aiutano a ottenere quello che vogliono. Esprima questo, usando gli elementi delle colonne A, B, C e D in frasi di senso compiuto. Studi attentamente i due modelli.

A	B	C	D
io	volere leggere	i cugini di Aldo	dare
tu	volere usare	le sorelle di Gino	prestare
Stefano	volere vedere	i dischi di Tonio	mostrare
voi	volere ascoltare	la macchina di	presentare
noi	volere conoscere	Alba	
		le foto di Susanna	
		la rivista di Ada	

➤ **Stefano vuole vedere le foto di Susanna. Susanna gliele mostra.**
➤ **Noi vogliamo conoscere i cugini di Aldo. Aldo ce li presenta.**

1. _____

_____

2. _____

_____

3. _____

_____

4. _____

_____

5. _____

_____

Pratica della comunicazione

J. Le seguenti frasi vengono da due servizi del telegiornale di ieri sera. Le metta in ordine logico e le scriva in forma di due paragrafi.

1. LA SQUADRA NAZIONALE RITORNA VITTORIOSA _____

   _____

   _____

   _____

   _____

2. IL PAPA VIAGGIA NEL PAESI EST _____

   _____

   _____

   _____

   _____

"Più di cinquantamila tifosi affollano l'aeroporto gridando: 'Grazie, Italia!'"

"Ecco alcune immagini di quella partita indimenticabile."

"Prima tappa del viaggio sarà un ospedale della Croazia."

"Grande folla all'aeroporto Leonardo da Vinci per salutare i calciatori vittoriosi che ritornano in Italia."

"Il Papa è partito stamattina per un viaggio nell'Est europeo."

"L'Italia ha vinto con un gol negli ultimi minuti dell'incontro."

"Il Santo Padre è in buona salute e prevede un buon viaggio."

"La squadra nazionale ritorna in patria dopo l'emozionante partita di due giorni fa."

"Poi continuerà per Atene dove incontrerà i capi della chiesa ortodossa."

"Poi farà una fermata a Varsavia dove il popolo polacco si prepara ad accoglierlo con entusiasmo."

K. *I teleromanzi.* Scriva quello che si dicono i personaggi nei quattro teleromanzi *(soap operas)* rappresentati nei disegni. Cerch di usare il congiuntivo dove appropriato.

1. "La vita continua"

_____ ?

_____ !

2. "Amore e angoscia"

_____

_____ !

3. "Sempre innamorata"

_____

_____

4. "Quando tramonta il sole"

_____ !

_____

L. *Genitori e figli.* Finisca le frasi in maniera logica, parlando delle sue opinioni e aspirazioni personali.

1. I genitori desiderano che i figli _____

2. È importante che i figli _____

3. Ma è anche preferibile che i genitori _____

4. I miei genitori insistono che io _____

5. Io invece preferisco _____

6. A volte sembra che _____

M. *La tv e i bambini.* All'inizio di ogni frase, scriva una delle espressioni indicate secondo quello che pensa della televisione e i bambini, e dia la forma corretta del verbo che segue.

è essenziale che	*non è importante che*	*non è giusto che*
è meglio che	*è inopportuno che*	*è bene che*

1. _____ i genitori _____ (sapere) quello che guardano i loro figli.

2. _____ i genitori _____ (limitare) i programmi violenti che vedono i figli.

3. _____ le reti televisive _____ (eliminare) scene per pubblico adulto durante il giorno.

4. _____ i bambini _____ (sentire) linguaggio per pubblico adulto alla televisione.

5. _____ gli insegnanti _____ (usare) la televisione a scuola.

6. _____ il televisore _____ (essere) acceso più di sei ore al giorno.

7. _____ la famiglia _____ (discutere) insieme quello che hanno visto alla televisione.

N. *Un telefilm originale.* Inventi il soggetto per un telefilm *(TV series)* comico. Descriva la situazione generale del programma, tre protagonisti regolari e un episodio tipico.

_____

_____

_____

_____

_____

_____

Lezione 15   CHE COSA È IN PROGRAMMA?

Pratica del vocabolario e della struttura

A. *Gli strumenti musicali.* Scriva i nomi di cinque strumenti usati per ognuno dei seguenti tipi di musica.

1. l'opera: _____

2. il concerto: _____

3. la musica popolare: _____

B. *Prefissi in–, s– e dis–.* Determini il contrario dei seguenti nomi, aggettivi e verbi usando i prefissi *in–*, *s–* e *dis–*. Poi li usi in frasi originali. Tutte le parole date sono analoghe a quelle inglesi.

in–

1. sufficiente _____

2. accessibile _____

3. completo _____

s–

4. connettere _____

5. considerato _____

6. personalizzare _____

dis–

7. ordine _____

8. occupazione _____

9. organizzato _____

C. Metta il prefisso *ri–* davanti ai seguenti verbi. Poi li usi in frasi originali.

1. ordinare _____

2. vedere _____

3. prendere _____

D. *Congiuntivo con espressioni di emozione, dubbio o convinzione.* Lei e un amico/un'amica discutono le notizie che sentono mentre guardano il telegiornale. Cambi le frasi seguenti al congiuntivo presente secondo l'esempio.

➤ Il presidente parla al pubblico. (sono contento/a)
   Sono contento che il presidente parli al pubblico.

1. Il presidente fa molto per l'economia. (dubito)

   _____

2. Il Congresso è d'accordo con il presidente. (non credo)

   _____

3. La gente non trova lavoro facilmente. (mi dispiace)

   _____

4. Gloria Estefan canta oggi a New York. (sono felice)

   _____

5. I New York Yankees vincono la partita di campionato. (non credo)

   _____

6. La maratona a Boston va bene. (sono contento/a)

   _____

7. Oggi è una bella giornata. (sono sorpreso/a)

   _____

8. Tu ti addormenti durante una discussione importante! (sonos contento/a)

   _____

E. *Congiuntivo con espressioni di emozione, dubbio o convinzione.* Tutti hanno i loro programmi per questa fine settimana. Riscriva le seguenti frasi aggiungendo le espressioni indicate. Cambi i verbi al presente congiuntivo se necessario.

➤ Giovanni va a vedere l'*Aida*.
   Sono contento che Giovanni vada a vedere l'*Aida*.

1. Mariella viene con noi a vedere Michael Bolton.

   Dubito _____

2. Luisa ed io andiamo a teatro domani.

   Luisa è contenta _____

3. Loro non vengono perché lavorano.

   Temo _____

4. Tonino preferisce andare allo stadio.

   Sono felice _____

5. Voi non potete venire con noi domani.

   Mi dispiace _____

6. Mia sorella deve andare dal dottore.

   Non so se _____

7. Giancarlo esce con Roberta.

   Sono sorpreso _____

8. Paolo va a giocare a tennis.

   Paolo pensa _____

F. *Congiuntivo passato.* Dica che lei è contento/a che siano accadute le seguenti situazioni.

➤ Michele prenota i biglietti per il concerto di Marcella.
   Sono contento che Michele abbia prenotato i biglietti per il concerto di Marcella.

1. Giuliana viene con noi al concerto sabato sera.

   _____

2. È una magnifica serata.

   _____

3. Marcella suona così bene.

   _____

4. Il pubblico ascolta con molto interesse.

   _____

5. I nostri amici si divertono a sentire Marcella suonare.

   _____

6. Tutti applaudono alla fine.

   _____

7. Una volta tanto possiamo essere tutti presenti insieme.

_____

8. Marcella riceve molti auguri e regali. Brava!

_____

G. *Congiuntivo dopo le congiunzioni.* Le seguenti persone fanno certe cose per aiutare altre persone. Spieghi come le aiutano.

➤ Io ti presto dei soldi. Tu vai in vacanza. (affinché)
 Io ti presto dei soldi affinché tu vada in vacanza.

1. Mia madre mi presta la sua camicetta. Io vado alla festa. (di modo che)

_____

2. Io vi do centomila lire. Voi mi comprate i libri necessari. (a condizione che)

_____

3. I genitori lavorano. I loro figli possono studiare la musica. (affinché)

_____

4. Il professore ti spiega questa parola. Tu capisci la domanda. (perché)

_____

5. Tu presti la macchina a Piero. Viene a prendermi all'aeroporto. (purché)

_____

6. Ti do la carta telefonica. Puoi telefonare a tua madre. (di modo che)

_____

H. *Congiuntivo dopo le congiunzioni.* Completi ogni frase in maniera originale. Usi la forma corretta del congiuntivo.

1. Vado a Roma quest'estate sebbene _____

2. Finisco l'università a meno che _____

3. Andrò a vedere quell'opera purché _____

4. Non posso studiare il flauto sebbene _____

5. Cerco lavoro nonostante che _____

6. Porto un biglietto in più nel caso che _____

7. Imparerò a suonare la chitarra a meno che _____

I. *Ripasso: trapassato.* Completi il seguente brano con la forma appropriata del trapassato dei verbi fra parentesi.

Alberto (telefonare) _____ all'amico Giancarlo e gli (dire)

_____ che lui ed Aldo (andare) _____ a comprare

dei biglietti per il concerto di sabato sera. Lui (pensare) _____ che era una

buona idea chiedere a tre amiche di accompagnarli. Così lui (chiamare)

_____ Susanna, Lidia e Gloria e (chiedere) _____

loro di venire al concerto. Le amiche (rispondere) _____ che erano felici di

andarci e allora Alberto (decidere) _____ che si sarebbero incontrati *(would*

have met) alla biglietteria del teatro. Alle otto, le amiche che (arrivare)

_____ mezz'ora prima, (aspettare) _____ con

pazienza i tre ragazzi che tardavano. Ma tutto è finito bene.

Pratica della comunicazione

J. *Un questionario sulla musica.* Compili il seguente questionario sui suoi gusti musica li.

---

1. Quale genere di musica le piace? Quale musica non le interessa?

   _____

   _____

2. Compra cassette o CD? Dove? Quanto spende ogni mese per cassette o CD?

   _____

3. Assiste a concerti? Di che tipo?

   _____

4. Ha un complesso o un/una musicista preferito/a? Chi? Perché?

   _____

   _____

5. Suona qualche strumento musicale? Quale? Da quanto tempo?

   _____

K. *Cosa pensa lei della musica?* In due o tre frasi scriva la sua opinione su ognuno dei seguenti soggetti. Usi almeno una forma del congiuntivo in ognuna di esse.

1. la musica leggera _____

   _____

   _____

2. la musica classica _____

   _____

   _____

3. l'opera _____

   _____

   _____

L. *Scriviamo un'opera.* Scegliendo dalle parole ed espressioni tra parentesi, scriva il soggetto per un'opera originale. Poi finisca la storia in maniera originale.

Quest'opera ha luogo (in Egitto / a Parigi / nel Texas / sulla luna / a Venezia / sulle Alpi svizzere) nel (V secolo avanti Cristo / 1870 / XVI secolo / lontano futuro / 1921). La protagonista dell'opera si chiama (Mimì / Violetta / Amneris / Wally / Xzygrdm / Ciò Ciò San). È una (bellissima / ricca / timida / misteriosa / povera) (orfana / principessa / pigmea / ragazza / ballerina) che ama disperatamente (un re / un principe / un poeta / un cane / un vichingo) di nome (Rodolfo / Rigoletto / Hans / Bob / Don Giovanni) ma non può sposarlo perché (lui non la ama / lui è povero / lui è catturato da Moctezuma / lui è morto / lui non è cattolico). La protagonista decide di (andare in America / suicidarsi / vestirsi da uomo / sposare un cugino del barone / scoprire la sua identità) benché (sia in prigione / non abbia più soldi / suo padre lo proibisca) ma prima di farlo, scopre che il protagonista è veramente (cattolico / suo fratello / un principe / sposato / vegetariano). Alla fine dell'opera . . .

_____

_____

_____

M. *L'aria.* Un'aria è simile a una canzone che un personaggio di un'opera canta da solo accompagnato dall'orchestra. Pensi all'opera che lei ha creato nell'es. L. Adesso è il momento di scrivere un'aria drammatica per la sua protagonista. Finisca le frasi sotto, usando parole in rima *(rhyming words)* se possibile.

Amore mio, sono tanto contenta che _____ ,

e non mi sorprende che tu _____ .

Gli altri pensano che noi _____

e ho paura che loro _____ ;

ma io ti amerò per tutta la mia vita,

a condizione che tu _____ .

Andiamo via di qui! Voglio che noi _____

prima che _____ !

N. *Quale concerto?* Questi due giovani voglio andare a un concerto, ma come lei vede, hanno difficoltà nello scegliere un concerto che piacerà a tutti e due. Scriva un dialogo di almeno otto frasi basato sulla discussione tra i due e dica cosa decidono di fare alla fine.

_____

_____

_____

_____

_____

_____

_____

_____

Lezione 16   E DOPO LA LAUREA?

Pratica del vocabolario e della struttura

A. *Mestieri, professioni e altre occupazioni.* Indichi i mestieri delle seguenti persone.

1. _____   2. _____

3. _____   4. _____

5. _____   6. _____

B. *Il mondo del lavoro.* Completi le seguenti frasi con la forma appropriata delle parole prese dall'elenco.

colloquio	capo	carriera	fabbrica	gestione
posto	salario	assumere	richiedere	licenziarsi

1. A Torino ci sono _____ dove si producono automobili.

2. Il _____ del personale decide il _____ che riceveranno i lavoratori.

3. Quale _____ preferisci, la chimica o l'informatica?

4. Lei può _____ se non le piace l'impiego.

5. Il capo gli ha promesso di aiutarlo a trovare un _____ .

6. Con la nuova _____ , la fabbrica _____ una migliore qualità dei prodotti.

C. *Imperfetto del congiuntivo.* Completi la seguente descrizione usando l'imperfetto del congiuntivo dei verbi fra parentesi.

Il professore voleva che io (ascoltare) _____ l'intervista alla radio insieme ad altri

studenti e che noi (capire) _____ il problema dei giovani di oggi. Personalmente, io

non credevo che (esserci) _____ problemi perché sembrava che tutti i miei amici

(avere) _____ un futuro abbastanza buono. Ma ho cambiato idea. Io non sapevo che

(esistere) _____ tanti problemi per noi studenti. Mi pareva che noi (potere)

_____ trovare un lavoro immediatamente dopo gli studi. Adesso, però, so che non

sarà tanto facile. Ora il professore vorrebbe che noi (continuare) _____ gli studi e

che (diventare) _____ più seri per quanto riguarda il nostro futuro. Ha ragione!

D. *Imperfetto del congiuntivo.* Suo fratello Enrico e i suoi amici non sanno che tipo di lavoro svolgere e non riescono a trovare un impiego estivo. Lei condivide le sue preoccupazioni con un amico/un'amica. Cambi i verbi tra parentesi all'imperfetto del congiuntivo.

1. Volevo che Enrico (discutere) _____ la sua carriera con il professore.

2. Speravo che lui (finire) _____ gli studi.

3. Mi dispiacerebbe se lui (lasciare) _____ l'università.

4. Temevo che lui e Franco non (potere) _____ trovare un lavoro estivo.

5. Non volevo che anche Mario (rimanere) _____ disoccupato quest'estate.

6. Era necessario che io li (aiutare) _____ a trovare lavoro.

7. Vorrei che loro (andare) _____ da un amico di famiglia.

8. Sarei felice se loro (sistemarsi) _____ presto.

E. *Trapassato del congiuntivo.* Lei ed alcune persone hanno preparato un pranzo per celebrare la fine dell'anno scolastico. Adesso riferisca ad un amico come è andato. Completi le seguenti frasi, usando il trapassato del congiuntivo delle parole fra parentesi.

1. Pensavo che i miei amici (portare) _____ bevande e frutta.

2. Preferivo che la mia amica Renata (cucinare) _____ del pollo.

3. Gino non sapeva che noi (organizzare) _____ un pranzo così buono.

4. Mauro credeva che io (spendere) _____ molto.

5. La professoressa Renzi non pensava che io (preparare) _____ tutto il giorno prima.

6. Non credeva che noi (avere) _____ tempo per preparare un pranzo così squisito.

7. Era impossibile che i miei amici (mangiare) _____ tanto!

F. *Frasi introdotte da se.* Scriva quello che farebbero le seguenti persone se avessero soldi, tempo o energia.

➤ fare una gita (noi)   **Se avessimo i soldi, faremmo una gita.**

1. andare in Svizzera (io)

   _____

2. vedere quell'opera di Verdi (la mia amica)

   _____

3. comprare dei vestiti di Giorgio Armani (tu)?

   _____

4. partire per Londra (voi)?

   _____

5. costruire una casa (mio padre)

   _____

6. viaggiare spesso (i miei amici)

   _____

G. *Frasi introdotte da se.* Completi le frasi secondo la propria opinione.

1. Andrei in vacanza con i miei amici se . . .

   _____

2. Se sapessi il numero di telefono di quel ragazzo/quella ragazza . . .

   _____

3. I miei amici preparerebbero una bella festa se . . .

   _____

4. Se io avessi i soldi, . . .

   _____

5. Mio fratello/Mia sorella troverebbe un impiego se . . .

   _____

H. *Condizionale passato.* Dica cosa avrebbero fatto queste persone invece di rimanere a casa oggi. Usi il condizionale passato.

➤ Mariella / andare in montagna   **Mariella sarebbe andata in montagna.**

1. voi / uscire con Carla

   _____

2. i miei parenti / prenotare i biglietti per un concerto

   _____

3. Giancarlo / partire con gli amici

   _____

4. tu / trovare qualche cosa da fare

   _____

5. Laura e Diana / giocare a tennis

   _____

6. Anna / venire da noi

   _____

I. *Condizionale passato.* Formuli frasi di senso compiuto abbinando le espressioni della colonna A con le espressioni della colonna B.

A
Saresti venuta alla festa
Se ci avessero aspettato
Non sarei uscito
Avrei letto quel romanzo
Se non avesse perso l'autobus

B
Giuliana sarebbe tornata a casa prima.
saremmo andati con loro.
se avessi avuto tempo.
se avessi saputo che pioveva.
se ti avessero telefonato?
se mi fosse piaciuto.

1. _____

2. _____

3. _____

4. _____

5. _____

J. *Ripasso: Congiuntivo presente.* Completi il brano seguente, usando il congiuntivo presente dei verbi fra parentesi dove necessario.

Mia cugina che abita qui ad Orvieto vuole che io (venire) _____ in vacanza a

trovarla. Vuole che io (rimanere) _____ con lei e la famiglia per una settimana.

Una volta ad Orvieto, è possibile che noi (potere) _____ visitare Siena. A Siena

desidera che io (vedere) _____ la bellissima cattedrale e poi spera che io (visitare)

_____ la città di San Gimignano. Da lì, è possibile che noi (fare)

_____ un giro per la Toscana e che (visitare) _____ anche altre

città dell'Umbria. Sono contento di (avere) _____ l'opportunità di vedere questi

luoghi famosi ed interessanti.

Pratica della comunicazione

K. *I giovani e il lavoro.* Un gruppo di studenti universitari viene intervistato da un giornalista. Dalla lista di destra, scriva la lettera della risposta appropriata per ogni domanda che fa il giornalista.

1. _____ Secondo te, Giulio, com'è l'attuale situazione universitaria?

2. _____ Tu, Patrizia, sei d'accordo con lui?

3. _____ Avrete più opportunità nei prossimi anni?

4. _____ Sarà difficile trovare lavoro una volta laureata?

5. _____ E tu, Luciana, cosa pensi?

6. _____ Hai qualche consiglio per i ragazzi che cominciano a pensare alla futura professione?

a. Con una buona preparazione accademica, avremo buone possibilità di lavoro.

b. Penso che ingegneria sia difficile, ma non avrò problemi per sistemarmi.

c. È stato uno scambio di idee molto interessante.

d. Sì, sono d'accordo con lui.

e. Non ci sono abbastanza professori e le aule sono sovraffollate.

f. Sì, potremo lavorare ovunque in Europa.

g. Sarebbe bene che nel futuro i giovani si orientassero verso una preparazione interdisciplinare.

L. *Che lavoro fa?* Le persone nel disegno vanno al lavoro con la metropolitana. Cerchi di indovinare quale professione o mestiere svolge ognuno di loro.

➤ **La giovane donna seduta a sinistra fa la dottoressa.**

_____

_____

_____

_____

_____

_____

M. *In cerca di lavoro.* Lei è in Italia e cerca un posto di lavoro. Riempia *(Fill out)* la seguente scheda *(card)* personale.

Cognome: _____   Nome: _____

Età: _____   Telefono: _____

Indirizzo: _____

Istruzione: _____

Esperienza di lavoro: _____

Lingue straniere conosciute: _____

Tipo di lavoro richiesto: _____

Altri interessi: _____

N. *Il colloquio.* Lei è andato/a a sostenere un colloquio per un posto molto interessante. Ecco le domande del direttore. Come risponde?

1. Da quanto tempo desidera svolgere questa professione?

   _____

2. Mi dica perché desidera questo posto?

   _____

3. Quali sono le sue caratteristiche più forti?

   _____

4. E quelle più negative?

   _____

5. Cosa farebbe lei se venisse a sapere che un'altro impiegato di questa ditta ruba?

   _____

6. Se lei potesse essere un animale, quale animale sarebbe? Perché?

   _____

O. *Lei lavora?* Scriva un breve componimento in cui descrive un lavoro che ha fatto. Dica dove lavorava, quando ha cominciato questo lavoro, e quali erano le sue responsabilità. Dica anche se le piaceva oppure no questo lavoro e perché. (Se lei non ha mai lavorato, descriva il lavoro di un membro della sua famiglia, o usi la fantasia e descriva un lavoro ideale.)

_____

_____

_____

_____

_____

_____

_____

Lezione 17   IN CERCA DI UN APPARTAMENTO

Pratica del vocabolario e della struttura

A. *La casa.* Scriva la parola appropriata per ognuno dei luoghi descritti.

➤ Dove dormiamo la notte.   **la camera da letto**

1. Dove ci laviamo, di solito, la mattina. _____

2. Dove troviamo il divano, le poltrone, ecc. _____

3. Dove prepariamo da mangiare. _____

4. Dove facciamo i compiti o guardiamo la TV. _____

5. Dove mettiamo le cose che non usiamo più. _____

6. Dove ci sono molti fiori, fuori la casa. _____

7. Dove mangiamo quando abbiamo gli invitati. _____

8. Dove mettiamo la macchina di notte. _____

B. *I mobili.* Lei ha un appartamento parzialmente ammobiliato con i mobili rappresentati in basso. Faccia un elenco dei mobili che già possiede *(possess)* e di quelli che deve comprare.

 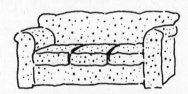 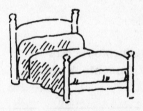

Stanza	Possiede	Deve comprare
1. _____	_____	_____
	_____	_____
	_____	_____
		_____

Stanza	Possiede	Deve comprare
2. _____	_____	_____
	_____	_____
	_____	_____
		_____

C. *Gli elettrodomestici.* Scriva il nome degli elettrodomestici che usiamo per fare le seguenti cose.

1.   Mantenere *(keep)* i cibi al fresco: _____

2.   Pulire tappeti e tende: _____

3.   Lavare piatti, bicchieri e forchette: _____

4.   Lavare camicie, gonne, pantaloni e calzini: _____

5.   Asciugare gli indumenti personali: _____

D. *Comparativo d'uguaglianza.* Lei fa un paragone *(comparison)* fra tre appartamenti. Scriva sei frasi originali, basate sulle informazioni date, secondo il modello.

App. A
2 camere da letto
1 salotto grande
1 bagno
1 camino
$700 mensile

App. B
2 camere da letto
1 salotto grande
$1\frac{1}{2}$ bagni
1 studio
$800 mensile

App. C
2 camere da letto
1 sala da pranzo
$1\frac{1}{2}$ bagni
1 camino
$700 mensile

➤   L'appartamento A costa . . .
    L' appartamento A costa tanto quanto l'appartamento C.

1.   _____

2.   _____

3.   _____

4.   _____

5.   _____

6.   _____

E. *Comparativo d'uguaglianza.* Un amico/Un'amica commenta sulle differenze che nota fra alcune persone e cose. Lei non è d'accordo e risponde che le differenze non esistono.

➤ Robert Redford fa più film di Paul Newman.
   No, Paul Newman fa tanti film quanto Robert Redford.

1. Roseanne mangia più velocemente di suo marito!

   _____

2. Brian Boitano pattina bene. Pattina meglio di Scott Hamilton.

   _____

3. Billy Joel canta bene; ma non come Bon Jovi.

   _____

4. Elizabeth Taylor è molto bella. Ma non come Demi Moore.

   _____

5. È vero che il Papa viaggia più del presidente.

   _____

F. *Comparativo di maggioranza e di minoranza.* Descriva se stesso/a *(yourself)*, usando gli aggettivi seguenti. Faccia attenzione alla forma del paragone.

➤ contento / ricco
   Sono più contento/a che ricco/a. (o) **Sono meno contento/a che ricco/a.**

1. alto / grasso _____

2. energico / intelligente _____

3. bello / elegante _____

4. pigro / ambizioso _____

5. simpatico / antipatico _____

G. Paragoni le seguenti persone o cose, usando *più* o *meno* secondo la propria *(your own)* opinione. Faccia anche le concordanze necessarie.

➤ i vecchi / esperto / i giovani
   I vecchi sono più esperti dei giovani. (o)
   I vecchi sono meno esperti dei giovani.

1. le donne / indipendente / uomini _____

2. Roma / bello / New York _____

3. i film italiani / divertente / i film americani

   _____

4. le macchine americane / economico / macchine italiane

   _____

5. le lezioni d'italiano / complicato / le lezioni d'inglese

   _____

6. la cucina italiana / delizioso / la cucina francese

   _____

H. *Tempi progressivi.* Lei ed un gruppo di giovani sono in vacanza. Dica che cosa fa ognuno usando il presente progressivo.

1. io _____

   Michele e Paolo _____

   noi _____

2. tu _____

   voi _____

   Paola _____

I. *Tempi progressivi.* Risponda in modo originale alle seguenti domande. Usi la forma progressiva dell'imperfetto nelle risposte.

➤ Cosa facevi ieri quando è cominciato il telegiornale? **Stavo preparando un caffè.**

1. Cosa facevi quando è arrivata la posta?

_____

2. Cosa discutevi con il professore l'ultima volta che ti ho visto?

_____

3. A cosa pensavi quando il tuo amico/la tua amica ti ha telefonato stamattina?

_____

4. Cosa facevi quando il professore ti ha chiamato in classe?

_____

5. Cosa facevi mentre parlavi al telefono con il tuo amico/la tua amica?

_____

6. Cosa facevi quando qualcuno è venuto alla porta?

_____

J. *Avverbi di tempo, luogo, modo e quantità.* Completi il seguente brano usando l'avverbio appropriato fra quelli dati. C'è una parola in più nella lista.

piano	mai	abbastanza	troppo	ancora
qui	presto	sempre	adesso	

Adesso siamo _____ vicino alla casa di Maurizio. Se vai _____ ,

te la faccio vedere. Ecco, lui abita _____ , non _____ lontano da

casa mia. Però è _____ , e lui non è a casa perché sta _____

lavorando. Veramente lui è _____ molto occupato. Dice che non ha

_____ tempo per stare con gli amici.

K. *Avverbi di tempo, luogo, modo e quantità.* Formuli frasi di senso compiuto, usando gli elementi delle colonne A (soggetto), B (verbo) e C (aggettivo). Cambi in avverbi gli aggettivi della colonna C.

A	B	C
Sandro e Michele	ascoltare	paziente
il professor Mancini	entrare	immediato
mio fratello	studiare	continuo
io	telefonare	gentile
tu	rispondere	finale
io e Giulio	arrivare	timido
tu e Caterina	partire	inaspettato
		silenzioso
		facile

➤ **Tu telefoni continuamente!**

1. _____

2. _____

3. _____

4. _____

5. _____

6. _____

7. _____

L. *Ripasso: Congiuntivo passato.* Scriva otto cose che lei spera, vorrebbe, ecc. che alcuni suoi parenti ed amici abbiano fatto, usando il congiuntivo passato.

➤ Spero che . . .   **Spero che Luciana sia arrivata in orario.**

1. È meglio che _____

2. Spero che _____

3. Desidero che _____

4. È bene che _____

5. È possibile che _____

6. È improbabile che _____

7. Spero che _____

8. È bene che _____

Pratica della comunicazione

M. *Gli annunci.* Guardi gli annunci di sotto. Poi legga cosa dicono sei persone che stanno cercando casa. Abbinate gli annunci con ogni persona.

A.

Vende casa a due piani con cantina, garage e gairdino incantevole. A dieci chilometri dal centro storico.

B.

Vendesi appartamento panoramico al centro con due balconi, cucina, camera da letto e garage. Tel. 0776/25089 ore serali.

C.

Privatamente vendesi appartamento in via Firenze 2 camere, pianterreno. Riscaldamento autonomo.

D.

Affittasi appartamento centro storico 3 camere e cucina moderna e attrezzattissima: microonde, lavastoviglie.

E.

Affittasi appartamento panoramico zona centrale. Cucina, sala da pranzo, camera, bagno. Tel. 0775/56420 ore pasti.

F.

Studentessa condividerebbe appartamento ammobiliato zona università con altra ragazza. 2 camere, bagno, cucina.

1. _____ Vorrei prendere in affitto un appartamento nel centro storico, preferibilmente con vista sulla città.

2. _____ È un anno che io e mia moglie desideriamo trovare una villetta un po' fuori città con un posto dove possano giocare i nostri bambini.

3. _____ Sono una studentessa con pochi soldi e voglio condividere un appartamentino vicino all'università con un'altra ragazza.

4. _____ Sto cercando una casa dove io possa esercitare il mio hobby preferito: la cucina.

5. _____ Mio suocero viene a vivere con noi. Fino adesso siamo stati bene in un appartamento monolocale. Adesso ci serve una casa un po' più grande e con poche scale.

6. _____ Mi piace abitare in città ma devo trovare una casa con un posto per la mia adorata macchina. Lasciarla nella strada sembra pericoloso!

N. *In cerca di una casa.* Completi il seguente brano con parole appropriate dalla lista in basso.

annuncio   asciugatrice   balcone   camera da letto   condividere
cucina   pendolare   sala da pranzo   villetta

Angelica lavora a Parma, ma abita con la sua famiglia in una _____ a circa venti

chilometri dalla città. Viene a Parma ogni mattina con il treno, ed è stanca di fare la

_____ . Una domenica mentre legge il giornale vede un _____ di

una studentessa che vorrebbe _____ un appartamento con un'altra ragazza. Angelica

telefona al numero indicato e fa un appuntamento per vedere l'appartamento il giorno dopo.

L'appartamento le piace molto. C'è una _____ con tavolo e sei sedie, la

_____ con forno e frigorifero, una _____ con due letti, due comò

e una poltrona, e un _____ con vista panoramica della città.

O. *Un amico/Un'amica.* Pensi ad un caro amico/una cara amica e parli delle differenze tra lei e questa
persona.

1. Chi è più giovane, lei o l'amico/a?

   _____

2. Chi è più ordinato/a?

   _____

3. Chi è più sportivo/a?

   _____

4. Chi è più bello/a?

   _____

5. Chi studia di più?

   _____

6. Chi viaggia di più?

   _____

7. Quali sono altre differenze tra di voi?

   _____

P. *La casa ideale*. Se lei potesse avere la casa dei suoi sogni, come sarebbe questa casa? Quante stanze avrebbe? Quanti bagni? Dove sarebbe? Quali amenità ci sarebbero? Avrebbe la piscina? Campo da tennis? Altro?

_____

_____

_____

_____

_____

_____

Lezione 18   ABITI SEMPRE IN CITTÀ?

Pratica del vocabolario e della struttura

A. *I mezzi di trasporto.* Dia le seguenti informazioni per le descrizioni indicate. Usi l'articolo determinativo corretto.

1. Due mezzi di trasporto che usiamo per andare al centro della città:

   _____

2. Due mezzi di trasporto che usiamo sul mare:

   _____

3. Un mezzo di trasporto che usiamo per fare esercizio fisico:

   _____

4. Un mezzo di trasporto che i giovani italiani amano per spostarsi *(for going)* rapidamente da una parte all'altra della città:

   _____

5. Un mezzo di trasporto veloce che usiamo per spostarci velocemente da Roma a New York:

   _____

6. Un mezzo di trasporto che usiamo per spostarci velocemente e comodamente dentro la città:

   _____

7. Un mezzo di trasporto che porta grandi quantità di prodotti da una città all'altra:

   _____

B. *L'ambiente.* Scriva la parola o l'espressione che lei associa con le seguenti descrizioni. Usi l'articolo determinativo quando necessario.

1. La scienza che si occupa della stabilità dell'ambiente.

   _____

2. Quello che causa la distruzione dell'ambiente.

   _____

3. Quello che facciamo quando riusiamo metalli, plastica, ecc.

_____

4. Quello che spesso la gente lascia per le strade o nel mare.

_____

5. La pioggia che contamina l'ambiente.

_____

6. Quello che noi tutti dobbiamo salvaguardare.

_____

C. *Superlativo relativo e superlativo assoluto.* Dica chi sono le seguenti persone che lei conosce. Formi frasi complete e faccia tutte le concordanze necessarie.

1. la persona più alta della sua classe d'italiano

_____

2. la persona meno energica dei suoi amici

_____

3. la ragazza più timida che lei conosca

_____

4. la persona più dinamica della sua famiglia

_____

5. la persona più ottimista fra i suoi amici

_____

6. la persona più ambiziosa che lei conosca

_____

D. *Superlativo relativo e superlativo assoluto.* Lei vuole commentare sulle seguenti affermazioni. Usi il superlativo degli aggettivi e i sostantivi indicati.

➤ Molte macchine sono veloci. *(la Ferrari)*   **Sì, ma la Ferrari è la più veloce di tutte.**

1. I mezzi di trasporto a Roma sono comodi. (la metropolitana)

_____

2. Ci sono molte università famose in Italia. (l'università di Bologna)

_____

3. Alcuni fiumi d'Italia sono importanti. (il Po)

_____

4. Il traffico è caotico dappertutto. (il traffico di Roma)

_____

5. Ci sono molte strade strette nella nostra città. (la mia strada)

_____

6. Ho visto molti monumenti impressionanti. (la basilica di San Pietro)

_____

E. *Superlativo relativo e superlativo assoluto.* Identifichi le cose o le persone indicate, secondo la sua opinione.

➤ un ristorante molto buono   **Il ristorante Skipjack's è buonissimo.**

1. un film molto interessante _____

2. un attore molto famoso _____

3. una persona molto allegra _____

4. una macchina molto veloce _____

5. un/una cantante molto vivace _____

6. un'attrice molto elegante _____

F. *Comparativi e superlativi irregolari: aggettivi.* Completi le frasi cambiando una parola appropriata presa dalla lista in basso nel comparativo o superlativo irregolare. Usi ogni parola almeno una volta.

piccolo   cattivo   grande   buono

1. Queste videocassette sono _____ di quelle.

2. C'è un numero _____ di attori a Hollywood che a New York.

3. Quali sono i _____ film di Steven Spielberg?

4. Paula Abdul è _____ di Gloria Estefan?

5. Chi è il _____ attore di Hollywood?

6. Chi sono _____ : i "rappers" o i cantanti?

7. Gregory Peck è il _____ degli attori.

8. Demi Moore è _____ di Bruce Willis.

G. *Comparativi e superlativi irregolari: avverbi.* Lei fa alcune cose in una determinata maniera. Indichi che i suoi amici/le sue amiche fanno le stesse cose in maniera diversa.

➤ Io **gioco bene a pallacanestro,** ma **il amico John gioca meglio di me.**

1. Io _____ poco, ma _____ .

2. Io _____ molto, ma _____ .

3. Io _____ bene, ma _____ .

4. Io _____ molto, ma _____ .

5. Io _____ male, ma _____ .

H. *Verbi che richiedono una preposizione.* Completi le seguenti frasi con la preposizione appropriata.

➤ Mi metto **a** leggere una poesia.

1. Cerco _____ studiare ma non posso.

2. Mi metto _____ guardare la televisione, ma non c'è niente di bello.

3. Il registratore non funziona. Spero _____ ripararlo presto.

4. Forse dovrei imparare _____ sciare.

5. Per adesso mi diverto _____ giocare a pallone.

6. Pensavo _____ telefonare al mio amico per giocare a tennis.

I. *Verbi che richiedono una preposizione.* Formuli frasi di senso compiuto abbinando le espressioni delle tre colonne e usando la preposizione appropriata se necessario.

➤ **Mi metto a leggere un romanzo.**

A	B	C
io	riuscire	studiare di più
mio fratello	volere	guardare la tv
noi	sperare	telefonargli alle sei
mia zia	cercare	al concerto
tu ed Adele	divertirsi	finire il lavoro adesso
i signori	imparare	leggere un romanzo
mia sorella	promettere	sciare
i miei amici	cominciare	preparare da mangiare
	mettersi	un appartamento
		tornare in Italia

1. _____

2. _____

3. _____

4. _____

5. _____

6. _____

7. _____

8. _____

Pratica della comunicazione

J. *In campagna o in città?* Dove sarebbe se sentisse dire le seguenti frasi, in campagna o in città?

1. Che combinazione! Cosa fai qui sulla metropolitana?

2. Non riesco a respirare oggi, l'aria è così inquinata.

3. Che noia qui. Mi piacerebbe trasferirmi ad una grande metropoli.

4. Mi sento davvero fortunata di svegliarmi e vedere queste montagne e queste foreste.

5. C'è uno sciopero dei mezzi pubblici e con i numerosi ingorghi, non arriverò in orario al lavoro.

6. Qui c'è molta tranquillità. Di notte non si sentono rumori di traffico.

7. Guarda! Hanno chiuso varie strade al traffico e hanno creato le isole pedonali. Finalmente si può camminare tranquillamente.

K. *Una vecchia amica.* Un giorno sull'autobus incontra una vecchia amica che non vedeva da molto tempo. Scriva frasi appropriate in risposta alle frasi dell'amica.

—Ciao! Come stai? È tanto tempo che non ci vediamo! Dove stai andando?

—_____

—Ah. E dove lavori?

—_____

—Bello. Dev'essere un lavoro interessante. Abiti sempre vicino a Piazza Risorgimento?

—_____

—Ma perché? Non ti piaceva vivere in città?

—_____

—E com'è la vita in campagna? Ti piace?

_____

—_____

—Devi venire ogni giorno in città? Con quali mezzi ci arrivi?

—_____

—Siamo arrivati alla mia fermata. Ciao allora. Chiamami!

—_____

L. *La mia città.* Risponda alle domande che riguardano le caratteristiche della sua città.

1. Qual è la zona residenziale migliore della sua città? _____

2. Qual è la zona più pittoresca della città? _____

3. Chi è l'abitante più famoso della città? _____

4. Qual è il monumento più conosciuto? _____

5. Dove sono i ristoranti migliori della città? _____

6. Dov'è il palazzo più alto della città? _____

7. Quali sono gli aspetti migliori della città? _____

8. E gli aspetti peggiori? _____

M. *La manifestazione per l'ambiente.* I giovani nel disegno si preoccupano molto per i problemi ambientali e per l'inquinamento dell'aria e del mare. Sono contro i fumi di scarico e la pioggia acida, e promuovono l'ecologia e il riciclaggio. Ora sono ad una manifestazione per l'ambiente. Cosa c'è scritto sui loro manifesti? Scriva uno slogan ambientale su ogni cartello *(sign).*

N. *Vivere in città o in campagna?* Dove preferirebbe vivere, in città o in campagna? O forse in periferia di una città? Perché preferirebbe vivere questo tipo di vita? Quali sono i vantaggi? Gli svantaggi? Scriva un breve componimento paragonando la vita urbana con quella rurale.

_____

_____

_____

_____

_____

_____

Lezione 19 UNA POESIA PER ME?

Pratica del vocabolario e della struttura

A. *Numeri ordinali.* Immagini di possedere un palazzo e di affittare gli appartamenti alle seguenti persone. Dica a quale piano abita ognuno. Noti che *pianterreno* vuole dire *ground floor*.

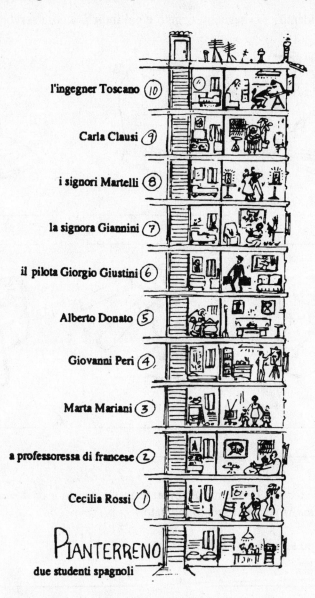

l'ingegner Toscano ⑩

Carla Clausi ⑨

i signori Martelli ⑧

la signora Giannini ⑦

il pilota Giorgio Giustini ⑥

Alberto Donato ⑤

Giovanni Peri ④

Marta Mariani ③

a professoressa di francese ②

Cecilia Rossi ①

PIANTERRENO
due studenti spagnoli

➤ Carla Clausi   **Carla Clausi abita al nono piano.**

1. Marta Mariani ed i suoi figli _____

2. Cecilia Rossi ed i suoi nonni _____

3. Alberto Donato ed il suo cane _____

4. I signori Martelli _____

5. L'artista Giovanni Peri _____

6. L'ingegner Toscano _____

7. Il pilota Giorgio Giustini _____

8. Gli studenti spagnoli _____

B. *Nomi composti.* Prima identifichi i seguenti oggetti e poi indichi a cosa servono.

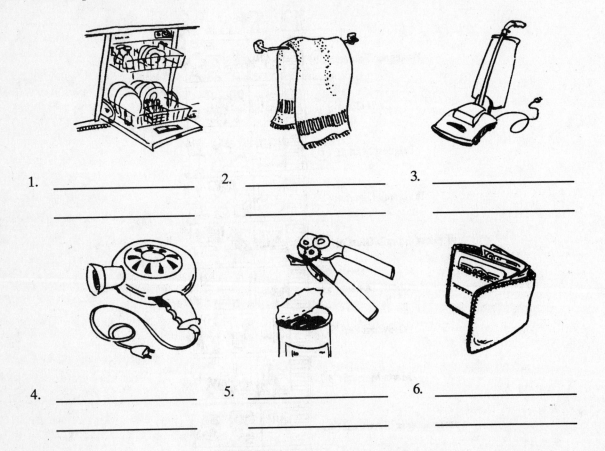

1. _____ 2. _____ 3. _____

_____ _____ _____

4. _____ 5. _____ 6. _____

_____ _____ _____

C. *L'anno, il decennio e il secolo.* Immagini di lavorare in un museo e di dover catalogare vari oggetti. Prepari due etichette *(labels)* per ogni secolo indicato.

➤ 1200 **il tredicesimo secolo** o **il Duecento**

1. 1900 _____ o _____

2. 1500 _____ o _____

3. 1800 _____ o _____

4. 1300 _____ o _____

5. 1700 _____   o   _____

6. 1400 _____   o   _____

7. 1600 _____   o   _____

D. *Il passato remoto.* Racconti quello che è successo a Carla, la protagonista di un film alla televisione. Usi il passato remoto.

Carla (alzarsi) _____ dal divano e (andare) _____ nella camera

da letto. (Fare) _____ le valige e (uscire) _____ di casa.

(Prendere) _____ la macchina e (partire) _____ verso il mare.

(Arrivare) _____ alla casa dei suoi genitori e (bussare) _____

alla porta. Un vecchio (venire) _____ ad aprire la porta e le (dire)

_____ che i suoi genitori non abitavano più lì.

E. *Il passato remoto.* Dica quello che le persone della colonna A fecero prima e quello che fecero dopo. Formuli frasi di senso compiuto usando gli elementi delle colonne A, B e C.

A	B	C
Carla	fare le valige	mangiare al ristorante
i miei amici	andare alla sfilata	partire
voi	alzarsi	preparare da mangiare
io	vendere la motocicletta	vestirsi
noi	telefonare ai genitori	comprare una macchina
tu	organizzare una festa	uscire con gli amici
		invitare gli amici

➤ (noi)   **Prima ci alzammo e poi uscimmo con gli amici.**

1. _____

2. _____

3. _____

4. _____

5. _____

6. _____

F. *Partitivo di.* Le seguenti persone fanno una festa ed ognuno porta qualcosa. Completi le frasi con la forma corretta del partitivo.

➤ **Noi portiamo delle audiocassette di musica italiana.**

1. Giuseppe porta _____ sedie.

2. Michele porta _____ caffè.

3. Le ragazze portano _____ forchette e _____ cucchiai.

4. Io porto _____ piatti.

5. Maurizio porta _____ frutta.

6. Pierluigi e tu portate _____ bicchieri.

G. *Partitivo di.* Dica quello che ognuno ha comprato per preparare una cena fra amici. Completi le frasi con la forma corretta del partitivo.

1. Roberto ha comprato _____ pane, _____ carne e

   _____ spinaci.

2. Rosanna ha comprato _____ acqua minerale e _____ caffè.

3. Mia cugina ha comprato _____ olio d'oliva e _____
   zucchero.

4. Noi abbiamo comprato _____ pesche, _____ scampi,

   _____ pere e _____ formaggio.

5. Tu hai comprato _____ dolci, _____ tè e

   _____ latte.

H. *Pronome ne.* Lei chiede al suo compagno/alla sua compagna di camera se ha comprato alcune cose. Scriva le risposte affermative o negative del compagno/della compagna, sostituendo al partito il pronome *ne*. Faccia attenzione alla concordanza del participio passato.

➤ **Hai comprato del pane?** **Sì, ne ho comprato.** (o) **No, non ne ho comprato.**

1. Hai comprato dei dolci? _____

2. Hai comprato delle mele? _____

3. Hai comprato dell'olio? _____

4. Hai comprato della pasta? _____

5. Hai comprato dei pomodori? _____

I. *Pronome* ***ne***. Risponda alle seguenti domande personali, sulle cose che ha fatto durante l'anno accademico. Usi il pronome *ne*.

➤ Quanti film ha visto?   **Ne ho visti due.**

1. Quante studentesse nuove ha incontrato? _____

2. Quanti romanzi ha letto? _____

3. Quanti saggi *(term papers)* ha scritto? _____

4. Quante penne ha perso? _____

5. Quanti CD ha comprato? _____

J. *L'avverbio* ***ci***. Risponda alle seguenti domande usando l'avverbio *ci*.

➤ Va spesso a New York?   **Sì, ci vado spesso.**   (o)   **No, non ci vado spesso.**

1. Va spesso dagli amici? _____

2. Vuole andare in Cina? _____

3. È mai andato/a in Italia? _____

4. È mai andato/a a Boston? _____

5. Andrà al cinema stasera? _____

6. Pensa spesso alla sua famiglia? _____

K. *Pronomi relativi* ***che*** *e* ***cui***. Abbini le due frasi con i pronomi relativi *che* o *cui*.

➤ Il bambino va in bicicletta. È il figlio di Patrizia.
Il bambino che va in bicicletta è il figlio di Patrizia.

1. I giovani vanno in biblioteca. Sono gli amici di Alessandro.

   _____

2. I ragazzi parlano con Valeria. Cercano un appartamento.

   _____

3. È la stessa discoteca. Incontro Luigi spesso.

   _____

4. Ho invitato quella ragazza. Sono andato a sciare con lei domenica.

_____

5. Chi è quell'uomo? Legge un cartellone pubblicitario.

_____

L. *Ripasso: Comparativi e superlativi irregolari.* Descriva quale delle seguenti cose o persone è *migliore, peggiore, maggiore* e *minore*. Ricordi che si possono anche usare le forme regolari di *buono, cattivo, grande, piccolo*.

➤ mele rosse / mele verdi
Le mele rosse sono migliori delle mele verdi. (o)
Le mele rosse sono più buone delle mele verdi.

1. film americani / film italiani

_____

2. mia cugina / mio cugino

_____

3. cinema / televisione

_____

4. riviste / giornali

_____

5. i miei amici / gli amici del mio ragazzo/della mia ragazza

_____

6. metropolitana / autobus

_____

7. spaghetti / spinaci

_____

8. caffè / tè

_____

Pratica della comunicazione

M. *La parola intrusa.* Indichi quale delle parole tra parentesi *non* dà un senso compiuto alla frase.

1. Ieri sono stata sveglia tutta la notte leggendo (il codice civile / una collezione di poesie / il cortile).

2. Mi piace la poesia. Mi (parecchia / distrae / interessa) molto.

3. Questo scrittore è famoso per i suoi (avvincente / saggi / romanzi).

4. Preferisco la poesia (del '300 / degli anni 50 / del quinto piano).

5. Scrivere la poesia è un modo di (esprimere / interpretare / venire) la verità che ci circonda.

6. (L'incarico / La passione / Il sentimento) è tipico della poesia.

N. *La sorellina videomane.* Lei ha una sorellina che guarda continuamente la televisione. Quando torna dalla scuola accende il televisore e si espone per ore intere a cartoni animati e trasmissioni piene di violenza e pubblicità. Non legge mai. Parli alla ragazza e cerchi di convincerla che la lettura è migliore della televisione. Le dia almeno tre ordini o suggerimenti, e spieghi le sue ragioni.

_____

_____

_____

_____

_____

O. *Mi piacciono le cose che . . .* Finisca le frasi in maniera logica.

➤ Mi piacciono le macchine che **costano molto.**

1. Mi piacciono i libri in cui _____

2. Mi piacciono le persone che _____

3. Preferisco le trasmissioni televisive che _____

4. Compro i vestiti che _____

5. Vorrei avere una casa in cui _____

6. Ho alcuni amici con cui _____

P. *Alcuni grandi scrittori italiani.* Abbini gli autori della lista in basso con le descrizioni.

a. Dante Alighieri
b. Giovanni Boccaccio
c. Umberto Eco
d. Galileo Galilei

e. Natalia Ginzburg
f. Leonardo da Vinci
g. Niccolò Machiavelli
h. Eugenio Montale

1. _____ Ricevette il premio Nobel nel 1975 e fu senatore a vita.

2. _____ Dedicò il suo saggio politico *Il principe* a Lorenzo de' Medici.

3. _____ Il suo romanzo *Il nome della rosa* uscì nel 1980 ed ebbe un successo internazionale.

4. _____ Combinò arte e letteratura in una serie di quaderni in cui parlava di scienze naturali, ingegneria, pittura, anatomia e fisica.

5. _____ Fece un viaggio attraverso l'universo: nell'Inferno, nel Purgatorio e nel Paradiso.

6. _____ Fu una delle scrittrici più importanti del '900.

7. _____ I suoi scritti furono condannati dalla chiesa cattolica. Svilluppò il telescopio.

8. _____ Nel 1351 cominciò a scrivere *Il Decameron*, una collezione di cento racconti narrati da dieci giovani fiorentini.

Q. *L'autobiografia.* Scriva la propria autobiografia per un'enciclopedia, usando il passato remoto. Racconti dove e quando nacque, cose che fece da giovane, ecc. Può anche usare la fantasia e descrivere fatti straordinari e avvenimenti fantastici.

_____

_____

_____

_____

_____

_____

Lezione 20   Si vota!

Pratica del vocabolario e della struttura

A. *La politica ed il governo.* Scriva una parola appropriata corrispondente alle seguenti definizioni.

1. Il capo di una repubblica: _____

2. La persona che vuole essere eletta: _____

3. La persona che rappresenta il proprio paese in una nazione straniera:

    _____

4. Uno stato che ha un re o una regina: _____

5. La persona che governa una città, una cittadina o un paese: _____

6. Il documento che contiene le leggi dello stato: _____

7. La persona che governa in una repubblica parlamentare: _____

B. *Famiglie di parole.* Completi le seguenti frasi con l'aggettivo o l'avverbio derivato dalle parole indicate in corsivo.

1. Elisabetta *studia* molto. È una ragazza veramente _____.

2. La *diligenza* è una sua virtù. Lavora sempre _____.

3. Gli amici la criticano per la sua *serietà,* ma lei non si considera affatto

    _____.

4. Infatti, le *interessa* la danza moderna e trova _____ anche la musica jazz.

5. Un suo desiderio è di raggiungere la *fama.* Vuole diventare una ballerina

    _____.

C. *Nomi alterati.* Spieghi brevemente il significato della parola alterata in corsivo, usando la parola da cui deriva.

1. In quel salone c'è un bel *caminetto.* _____

2. Questo vestito è proprio *bellino.* _____

3. Che *giornataccia!* Fa molto caldo e devo fare ancora tante spese.

    _____

4. Chi abita in quella *casetta* vicino al lago? _____

5. Che bella *canzoncina!* Dove l'hai imparata? Chi l'ha scritta?

    _____

6. Dove vai con questo *tempaccio?* Non vedi che nevica e tira vento?

    _____

D. *Costruzione passive.* Formuli frasi di senso compiuto, usando gli elementi suggeriti. Metta il verbo in forma passiva secondo il modello.

A	B	C
il deputato	applaudire	il ristorante
l'opera	scrivere	lo stadio
il palazzo	dire	l'architetto
la signorina	accompagnare	il signore
i biglietti	comprare	Puccini
il tenore	disegnare	Michele
	eleggere	gli elettori
	comporre *(compose)*	il pubblico

➤ **Il tenore è stato applaudito dal pubblico.**

1. _____

2. _____

3. _____

4. _____

5. _____

6. _____

E. *Costruzioni passive.* Completi il brano seguente usando la forma passiva dei verbi tra parentesi.

L'Italia (governare) _____ da un governo costituzionale. Le leggi

(formulare) _____ e (approvare) _____ dal

Parlamento. Il Parlamento (formare) _____ da due camere: il Senato e la

Camera dei Deputati. Il Senato e i Deputati (eleggere) _____ dal popolo. Il

Presidente, invece, (eleggere) _____ dal Parlamento. Il Primo Ministro poi

(nominare) _____ dal Presidente ed (approvare)

_____ dal Parlamento.

F. *Costruzione impersonale con si.* Risponda alle seguenti domande in maniera originale usando la costruzione impersonale con *si*.

1. Perché si va al concerto?

   _____

2. Cosa si prende in un bar italiano?

   _____

3. Come si mangia al suo ristorante preferito?

   _____

4. Che si fa il sabato sera, di solito?

   _____

5. Cosa si fa a casa sua alle sei di sera?

   _____

6. Perché si va allo stadio?

   _____

7. Dove si vedono le opere d'arte?

   _____

G. *Aggettivi e pronomi indefiniti.* Completi le seguenti frasi in maniera appropriata, usando gli aggettivi indefiniti indicati. Ci sono due aggettivi in più.

pochi	alcune	qualche	molta	ogni
tutta	tutti	un po' di	alcuni	troppe

1. Marco ha portato _____ dischi alla festa.

2. C'era _____ bella ragazza alla partita.

3. Non fa niente _____ la serata.

4. Mia madre prepara _____ cose da mangiare.

5. _____ mattina mi alzo alle sette e mezzo.

6. Beve _____ acqua.

7. Gino, metti _____ sale sul pomodoro.

8. Abbiamo _____ amici ma buoni.

H. *Aggettivi e pronomi indefiniti.* Completi le seguenti frasi in maniera logica, scegliendo il pronome indefinito corretto.

1. _____ ha ricevuto un volantino. (Ognuno, Tutti)

2. _____ sono andati a votare. (Tutto, Tutti)

3. _____ ha fatto la propria scelta. (Ognuno, Qualcosa)

4. Il partito democratico mi ha spedito _____ stamattina. (qualcosa, tutti)

5. Invece di spedirmi una foto del candidato, me le hanno spedite _____ ! (tutte, tutto)

6. Ho deciso di votare per _____ un partito esclusivamente! (qualcosa, tutto)

I. *La correlazione dei tempi con il congiuntivo.* Scriva nuove frasi sostituendo le parole in corsivo con le parole o espressioni indicate. Cambi la forma dei verbi quando è necessario.

1. *Speravo* che tu non facessi questo lavoro.
   Sono contento / Sarei felice / È importante

   _____

   _____

   _____

2. *Vorrà* che io venga con te alla manifestazione.
   Gli dispiace / Temeva / Non vuole

   _____

   _____

   _____

3. *Speravamo* che tu fossi arrivato ad una soluzione.
   Bisogna che / Siamo contenti / Vorremmo

   _____

   _____

   _____

J. *La correlazione dei tempi con il congiuntivo.* Completi il brano seguente con la forma corretta dei verbi fra parentesi.

Mio padre vuole che io (pensare) _____ al mio futuro. Gli ho detto che prima

occorrerebbe che io (finire) _____ gli studi, perché ho ancora un altro anno.

Ma lui ha insistito che io (scrivere) _____ ad alcune ditte chiedendo loro se per caso

(avere) _____ un posto per un ingegnere. Speravo di continuare gli studi dopo

l'anno prossimo, ma forse non sarà possibile dato che sembra che l'economia (andare)

_____ male. Cercherei un lavoro se (esserci) _____ molte

opportunità. Ma ho paura che i posti non (trovarsi) _____ così facilmente. Vorrei

che mio padre mi (lasciare) _____ pensare ancora un po' prima di decidere. Ma è

probabile che io (fare) _____ quello che vuole lui.

Pratica della comunicazione

K. *Le elezioni.* Abbini gli elementi della colonna A con quelli della colonna B per formulare frasi di senso compiuto. C'è un elemento in più nella colonna B.

A

1. _____ Le elezioni avranno luogo

2. _____ La campagna elettorale

3. _____ Queste elezioni servono

4. _____ C'è una crisi politica

5. _____ Per tutti i partiti il risultato di queste elezioni

6. _____ Tutti i partiti politici cercano

7. _____ È possibile vedere cartelloni di propaganda

8. _____ La radio e la televisione trasmettono continuamente

9. _____ Sui manifesti affissi dappertutto

10. _____ I volantini politici

B

a. perché il Primo Ministro si è dimesso.

b. per tutta la città.

c. è di grande importanza.

d. ci sono foto dei candidati.

e. domenica prossima.

f. annunci politici.

g. parlano delle promesse fatte dai partiti politici e dai singoli candidati.

h. per trovare una soluzione all'attuale crisi politica.

i. ci sono molti altoparlanti.

j. di avere un ottimo risultato.

k. è durata *(lasted)* un mese.

L. *La riunione del Consiglio.* Legga il seguente articolo. Poi scriva cinque domande basate su di esso.

> *Roma*—Ieri si è riunito a Roma il Consiglio dei Ministri. La riunione è durata quattro ore e nell'incontro il presidente del Consiglio ha esposto ai ministri il nuovo piano economico. Sono previste nuove tasse sulla benzina, sui tabacchi e sulle bevande alcoliche. È certo che i sindacati manifesteranno la loro opposizione a questi provvedimenti.

1. _____

2. _____

3. _____

4. _____

5. _____

Nome _____ Data _____

M. *Un sondaggio politico.* Risponda alle domande del seguente sondaggio.

1. Lei vota regolarmente? _____

2. Le ultime elezioni in cui ha votato: _____

3. Lei è iscritto/a in un partito politico? Quale? _____

4. Vota generalmente per il partito o per i candidati individuali? Spieghi.

   _____

5. Secondo lei, quali sono le caratteristiche più importanti di un candidato politico? Onestà? Esperienza? Entusiasmo? Connessioni politiche e sociali? Istruzione? Aspetto fisico?

   _____

6. Quali sono le questioni *(issues)* che lei considera prima di scegliere un candidato? L'economia? L'ambiente? Questioni sociali?

   _____

7. Ha mai lavorato per la campagna elettorale di un candidato politico? Quale? Quando?

   _____

N. *Un candidato cambia discorso.* Se vuole essere eletto, un buon politico deve sapere parlare a diversi tipi di persone. Il candidato nei disegni in basso sta facendo tre discorsi politici a tre gruppi ben diversi. Scriva almeno due promesse che fa ad ogni gruppo.

1.   2.   3.

O. *Tre composizioni.* Scriva una composizione di trenta parole per ognuno dei seguenti argomenti *(topics).* Usi la costruzione impersonale con *si.*

1. Nella mia città si vedono molte cose interessanti . . .

   _____

   _____

   _____

   _____

2. A casa mia la sera si mangia bene e si discute di molte cose . . .

   _____

   _____

   _____

   _____

3. Per eliminare l'inquinamento ci sono alcune cose che si devono fare e alcune cose che si devono evitare *(avoid)* . . .

   _____

   _____

   _____

   _____

Lab Manual

LEZIONE PRELIMINARE   Il saluto

Here are some tips for listening and working with the lab manual exercises.

1. Read the instructions and questions or items before doing the listening comprehension activities (for example, conversations, descriptions, ads, and other recorded messages).
2. Do not be concerned with understanding every word. Concentrate on the information asked of you.
3. Listen to the activity a second or even a third time. With practice, you will find that you understand spoken Italian more and more easily.

Attività 1. Comprensione dei dialoghi.   In these dialogues, two teachers introduce themselves to their students. As you listen, identify with a check mark who is a teacher and who is a student.

	Studentessa	Studente	Professoressa	Professore
Giovanni Landini	____	____	____	____
Maurizio Ferroni	____	____	____	____
Luciana Venturi	____	____	____	____
Simona Barbieri	____	____	____	____

Attività 2. Buona sera! Come sta?   In these dialogues, you will hear people greet each other. As you listen, indicate with a check mark how each person is feeling.

	Bene	Abbastanza bene	Molto bene
Il signor Carboni	____	____	____
Il dottor Salvini	____	____	____
La signorina Polidori	____	____	____
La signora Masetti	____	____	____

Attività 3. Che peccato!   Giulia Campo is walking through piazza San Marco on her way to class when she meets her friend Giacomo Mannini. While Giulia and Giacomo chat, professor Renzi appears. As you listen to their conversation, match the appropriate characters with the descriptions in your lab manual.

	Giacomo	Giulia	Il professor Renzi
1. Sta bene.	____	____	____
2. Risponde che non c'è male.	____	____	____
3. È in ritardo.	____	____	____
4. È professore d'italiano.	____	____	____
5. Ha lezione fra cinque minuti.	____	____	____

PRONUNCIA

Attività 4. Pronuncia: L'alfabeto italiano.   Listen and repeat each letter of the Italian alphabet.

Attività 5. L'alfabeto italiano.   You are going to hear six words being spelled. As you listen, write each one.

1. _____

2. _____

3. _____

4. _____

5. _____

6. _____

Attività 6. I suoni delle vocali.   Repeat each of the following words, paying attention to the vowel sounds.

americana	bene	medicina	sono	Ugo
Anna	come	italiano	Torino	studente
pratica	lezione	signore	Roberto	università

Attività 7. Ciao, Giulia.   Listen to the dialogue between Ugo and Giulia, and repeat each line after it is spoken. Again, pay attention to the vowel sounds.

(Ugo)   Ciao, Giulia. Come stai?
(Giulia)   Benissimo, grazie. E tu?
(Ugo)   Abbastanza bene, grazie. Sei in ritardo?
(Giulia)   Sì. Ciao, Ugo.

AMPLIAMENTO DEL VOCABOLARIO

Attività 8. I numeri da 0 a 20.   You will hear 15 random numbers between 0 and 20. As you listen, write down the corresponding numerals.

1. _____   6. _____   11. _____

2. _____   7. _____   12. _____

3. _____   8. _____   13. _____

4. _____   9. _____   14. _____

5. _____   10. _____   15. _____

Attività 9. Parole analoghe.   You will hear six words. Repeat each one after the speaker, and then add the missing letters in your lab manual. Don't forget to include accent marks.

(1) f __ m __ __ o

(2) __ t __ d __ a __ e

(3) d __ f __ __ co __ t __

(4) le __ __ on __

(5) __ n __ v __ rs __ t __

(6) na __ i __ n __ l __

COMPRENSIONE

Attività 10. Un po' di geografia. Look at the map in your lab manual as you listen to some statements about Italian geography. Then indicate with a check mark whether each statement is true **(vero)** or false **(falso)**.

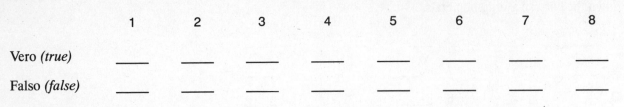

	1	2	3	4	5	6	7	8
Vero *(true)*	___	___	___	___	___	___	___	___
Falso *(false)*	___	___	___	___	___	___	___	___

Attività 11. Indirizzi.   Arturo tells a friend the addresses of Carla and Giovanni, who have gone home for the summer. As you listen, write the two addresses.

Carla: via _____ , _____ Firenze

Giovanni: via _____ , _____ Padova

LEZIONE 1   Lei come si chiama?

Attività 1. Comprensione dei monologhi.   Listen to two Italian students who introduce themselves. As you listen, mark *M* next to the statements about Marco, and *L* next to the ones about Lucia. Some information may not apply to either one.

(1) _____ Ha venti anni.

(2) _____ È di Bologna.

(3) _____ È studente.

(4) _____ Frequenta il liceo.

(5) _____ È professore.

(6) _____ Ha sedici anni.

(7) _____ Studia medicina.

PRONUNCIA

Attività 2. Pronuncia: Sillabazione e accento tonico.   Listen and repeat the following words. Be sure to stress the correct syllable.

pe · **ni** · so · ia	cit · **tà**	an · **ti** · ci · po
Mar · co	me · di · **ci** · na	To · **sca** · na
co · **sì**	stu · **den** · te	fre · **quen** · ta
mi · **ni** stro	si · gno · **ri** · na	pro · fes · **so** · re

Attività 3. Sei studente?   Listen to this dialogue between Gianfranco and Fabio, and repeat each line after it is spoken. Pay attention to pronunciation and to stress.

(Gianfranco)	Sei studente?
(Fabio)	Sì, frequento l'università.
(Gianfranco)	Studi medicina?
(Fabio)	No, studio farmacia.

AMPLIAMENTO DEL VOCABOLARIO

Attività 4. I numeri da 21 a 100.   You are going to hear some random numbers between 21 and 100. As you listen, write each one.

_____ , _____ , _____ , _____ , _____ , _____ , _____ , _____ , _____ , _____ , _____ , _____

Attività 5. I numeri di telefono. Caterina is talking on the phone to her friend Corrado. He is planning a party, and she is telling him the phone numbers of some of their classmates. As you listen, write the numbers next to the names.

Antonella: __ __ . __ __ . __ __ . __ __

Francesca: __ __ . __ __ . __ __ . __ __

Laura: __ __ . __ __ . __ __ . __ __

Attività 6. Hai tutto? Pietro is packing to go back to college. His mother asks if he has remembered to pack various items. As you listen to their conversation, place a check mark below each object that Pietro has packed.

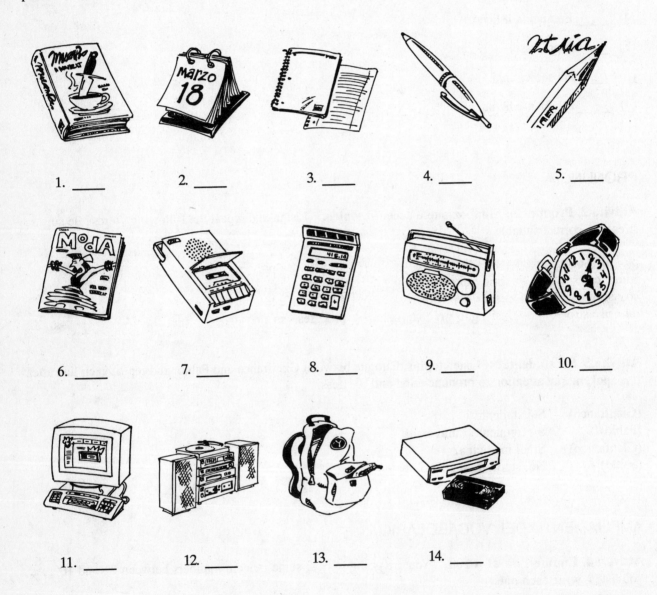

1. ____　　2. ____　　3. ____　　4. ____　　5. ____

6. ____　　7. ____　　8. ____　　9. ____　　10. ____

11. ____　　12. ____　　13. ____　　14. ____

Attività 7. Presente di *essere*.   You will hear six sentences. Place a check mark under the subject pronoun that corresponds to the verb in each sentence.

➤	Io	Tu	Lui/Lei	Noi	Voi	Loro
1.	___	___	___	___	___	___
2.	___	___	___	___	___	___
3.	___	___	___	___	___	___
4.	___	___	___	___	___	___
5.	___	___	___	___	___	___
6.	___	___	___	___	___	___

Attività 8. Presente di *avere*.   You will hear six sentences. Place a check mark under the subject pronoun that corresponds to the verb in each sentence.

➤	Io	Tu	Lui/Lei	Noi	Voi	Loro
1.	___	___	___	___	___	___
2.	___	___	___	___	___	___
3.	___	___	___	___	___	___
4.	___	___	___	___	___	___
5.	___	___	___	___	___	___
6.	___	___	___	___	___	___

Attività 9. Articolo indeterminativo.   Point out to a friend each of the items you will hear named. Use the correct form of the indefinite article.

COMPRENSIONE

Attività 10. Dettato.   You are going to hear a short passage, which will be read three times. (a) First, just listen. (b) Now listen again, and fill in the missing words in your lab manual.

Carla _____ . È di

Cuneo _____ anni. Frequenta _____

_____ Torino _____ .

Studia anche _____

_____ con il professor Menotti. Carla _____

_____ .

(c) Listen again, and check what you wrote.

Attività 11. Uno studente.   A new Italian exchange student just arrived at your school. When you tell him that you're studying Italian, he responds by telling you about himself. Listen to what he says and answer the questions in your lab manual.

(1) Come si chiama? _____

(2) Di dov'è? _____

(3) Quanti anni ha? _____

(4) In Italia frequenta _____

(5) Numero di telefono: _____

LEZIONE 2   E lei chi è?

Attività 1. Comprensione dei monologhi.   You will hear two professionals introduce themselves. As you listen, place an *R* next to statements about Raffaele, and an *L* next to the ones about Lisa. Some information may not apply to either one.

(1) _____ Ha trentadue anni.

(2) _____ Non è sposata.

(3) _____ Ha un figlio.

(4) _____ È architetto.

(5) _____ Insegna all'università.

(6) _____ Abita con la moglie.

(7) _____ Abita fuori Roma.

(8) _____ Ha un gatto.

PRONUNCIA

Attività 2. Pronuncia: Il suono della lettera *t*.   Repeat the following words, paying attention to the sound of the letter *t*. Remember that in Italian, the sound of the letter *t* is unaspirated. In other words, there is no little puff of air accompanying it.

telefono	italiano	sette
Toscana	venti	trentotto
Teresa	abitare	gatto

Attività 3. Che frequenta Teresa?   Listen to this dialogue between Anna and Claudia, and repeat each line after it is spoken. Pay special attention to the pronunciation of the letter *t*.

(Anna)   Quanti anni ha Teresa?
(Claudia)   Ha diciassette anni.
(Anna)   Frequenta il liceo scientifico?
(Claudia)   No, frequenta l'istituto tecnico.

Attività 4. Pronuncia: Il suono della lettera *d*.   Repeat the following words, paying special attention to the sound of the letter *d*. Remember that the sound of the letter *d* is pronounced more delicately in Italian than in English.

di	madre	freddo
dieci	studiare	addizione
domani	medicina	ciddì

Attività 5. Di dov'è?   Listen and repeat the dialogue between Vittoria and Alessio. Pay particular attention to the pronunciation of the letter *d*.

(Vittoria)	Di dov'è Davide Ledda?
(Alessio)	È di Domodossola.
(Vittoria)	È dottore?
(Alessio)	No, è studente di medicina.

AMPLIAMENTO DEL VOCABOLARIO

Attività 6. Quali materie studi?   Stefano wants to know what courses Bianca is taking this year. Before listening to their dialogue, read the list of courses. Then, while you listen, place a check mark next to the ones that Bianca is taking.

(1) _____ filosofia

(2) _____ fisica

(3) _____ chimica

(4) _____ informatica

(5) _____ arte

(6) _____ antropologia

(7) _____ architettura

(8) _____ letteratura

(9) _____ spagnolo

(10) _____ storia

Attività 7. Che giornata!   Diana has a busy day ahead of her. While she describes all the things she has to do, write down next to each one what time she plans to do it.

(1) _____ La lezione di musica

(2) _____ L'appuntamento con il professore di storia

(3) _____ Adesso

(4) _____ Prende l'autobus

(5) _____ L'appuntamento con il dottore

(6) _____ Mangia con gli amici

(7) _____ La lezione di giapponese

(8) _____ È a casa

(9) _____ Fino a quando dorme domani

STRUTTURA ED USO

Attività 8. Uno o più di uno?   You are going to hear some statements about people and things. As you listen, indicate with a check mark whether each statement refers to one or more than one person or thing. Read over the list before listening to the sentences.

		Uno/a	Più di uno/a
(1)	Studente	____	____
(2)	Quaderno	____	____
(3)	Penna	____	____
(4)	Foglio di carta	____	____
(5)	Matita	____	____
(6)	Città	____	____
(7)	Disco	____	____
(8)	Tavolo	____	____
(9)	Sedia	____	____
(10)	Stereo	____	____
(11)	Signorina	____	____
(12)	Amica	____	____

Attività 9. Uno o più di uno?   Rosella is planning a party. Right now she is telling her mother who is coming and who isn't. As you listen, indicate whether each sentence refers to one or more than one person.

	1	2	3	4	5	6	7	8
Uno/a	____	____	____	____	____	____	____	____
Più di uno/a	____	____	____	____	____	____	____	____

COMPRENSIONE

Attività 10. Dettato.   You will hear a short passage, which will be read three times. (a) First, just listen. (b) Now listen again, and add the missing words in your lab manual.

_____ Laura Pastore _____

Umberto. _____ una laurea in _____ straniere ed

_____ Enrico Fermi

di Catania. _____ invece _____

_____ all'Università

di Palermo.

(c) Listen again, and check what you wrote.

Attività 11. Di chi è?   Paolo's friends came to his apartment for pizza, and left a lot of things behind. Paolo and a friend are trying to figure out to whom each item belongs. As you listen, connect each item with its owner.

1. _____ libro
2. _____ quaderno
3. _____ giornale
4. _____ zaino
5. _____ penna
6. _____ matita
7. _____ rivista
8. _____ videocassetta

a. Marco
b. Marcello
c. Luisa
d. Alberto
e. Giovanni
f. Carlo
g. Marisa
h. Marta

LEZIONE 3 Che cosa fai di bello?

Attività 1. Comprensione del dialogo. Listen carefully to the dialogue. You will be asked some questions about it in the next activity. If you need to, rewind the tape and listen to the dialogue again.

Attività 2. Vero o falso? You will hear five statements based on the dialogue. Check *vero* if the statement is true, and *falso* if it is false.

	1	2	3	4	5
Vero	___	___	___	___	___
Falso	___	___	___	___	___

PRONUNCIA

Attività 3. Pronuncia: Il suono della lettera *l*. Repeat the following words, paying particular attention to the sound of the letter *l*. Remember that in Italian, the sound of the letter *l* is pronounced nearer to the front of the mouth than it is in English.

legge	gelato	bello
liceo	solito	allora
lezione	telefonare	sorella

Attività 4. La sorella di Danilo. Listen to the dialogue between Beatrice and Marco, and repeat each line after it is spoken. Pay special attention to the pronunciation of the letter *l*.

(Beatrice)	Ecco la sorella di Danilo.
(Marco)	La sorella di chi?
(Beatrice)	Di Danilo.
(Marco)	Che bella! Lavora con te?
(Beatrice)	No. Lavora all'università.

Attività 5. Pronuncia: Il suono della lettera *p*. Listen and repeat the following words, paying particular attention to the pronunciation of the letter *p*. Remember that in Italian, the letter *p* is unaspirated. (In other words, it is not accompanied by a little puff of air, as it is in English.)

padre	Alpi	giapponese
parola	Napoli	appartamento
piccolo	anticipo	cappuccino

Attività 6. L'appartamento. Listen to the dialogue between Pino and Angelica, and repeat each line after it is spoken. Pay special attention to the pronunciation of the letter *p*.

(Angelica)	Pino, ti piace quest'appartamento?
(Pino)	Sì, mi piace, ma è troppo piccolo.
(Angelica)	Però è a due passi dalla pasticceria dove lavoro.
(Pino)	È vero, ma per due persone è proprio piccolo.

AMPLIAMENTO DEL VOCABOLARIO

Attività 7. Dov'è, per favore? Listen to the dialogue between Alessandra and the concierge at her hotel. As you follow the concierge's directions, provide the identification number for each building listed after the map.

Numero

1. La banca   ____

2. Il cinema   ____

3. Il ristorante   ____

4. La biblioteca   ____

5. Il museo   ____

6. L'ufficio postale ____

Attività 8. Descrizioni.   You will hear some very short dramatizations of idiomatic expressions using *avere*. As you listen, match each numbered dramatization with the corresponding drawing. Don't worry if you don't understand every word. Just listen carefully for the expressions using *avere*.

STRUTTURA ED USO

Attività 9. Presente dei verbi regolari in -are. You will hear six sentences. For each one, check the pronoun that corresponds to the verb form.

	Io	Tu	Lei/Lui	Noi	Voi	Loro
➤	—	—	—	✔	—	—
1.	—	—	—	—	—	—
2.	—	—	—	—	—	—
3.	—	—	—	—	—	—
4.	—	—	—	—	—	—
5.	—	—	—	—	—	—
6.	—	—	—	—	—	—

Attività 10. Preposizioni semplici. You will hear eight questions. As you listen, complete the answers in your lab manual with the appropriate prepositions. Use *di, a, da, in, con, per,* and *tra.*

1. _____ mio fratello. È il suo compleanno.

2. _____ suo figlio.

3. È il fratello _____ Gianni.

4. _____ Italia e precisamente _____ Genova.

5. No, non è _____ casa.

6. _____ Ravenna.

7. Vado _____ prendere il gelato _____ le bambine.

8. Sì. È _____ Corso Trieste. È _____ il ristorante e l'albergo.

Attività 11. Preposizioni articolate. (a) Use the verb *telefonare* and the preposition *a* to say that you are telephoning the people you will hear named. Pay attention to the contraction of *a* with the definite article. (b) Now say that you and your friend are talking about the people you hear named.

Attività 12. Le espressioni *c'è* e *ci sono*. You are going to hear eight phrases. Indicate with a check mark whether you would use *c'è* or *ci sono* to form a complete sentence.

	➤	1	2	3	4	5	6	7	8
C'è	✔	—	—	—	—	—	—	—	—
Ci sono	—	—	—	—	—	—	—	—	—

Nome _____ Data _____

COMPRENSIONE

Attività 13. Dettato.   You will hear six pairs of questions and answers. The question will be repeated, followed by a pause. During the pause, write the answer you heard.

➤ *Niente di speciale.*

1. _____

2. _____

3. _____

4. _____

5. _____

6. _____

Attività 14. Pronto?   You will hear a telephone conversation between Luca and Valeria. As you listen, mark *L* next to the statements about Luca, and *V* next to the ones about Valeria.

(1) _____ Telefona all'amico.

(2) _____ Non fa niente di bello.

(3) _____ Deve andare in biblioteca.

(4) _____ Ha bisogno di due libri.

(5) _____ Ha bisogno di un libro.

(6) _____ Ha l'esame domani.

(7) _____ Passa fra quindici minuti.

Attività 15. Messaggio telefonico.   Luciana is visiting Ravenna, where her friend Sabrina lives. Listen to the message that Luciana left on Sabrina's answering machine. As you listen, fill in the missing information in your lab manual.

Nome dell'albergo _____

Indirizzo dell'albergo _____

Numero di telefono _____

A che ora torna Luciana? _____

Cosa c'è nella sua camera? _____

LEZIONE 4 Cosa prendono i signori?

Attività 1. Comprensione del dialogo. Listen to the dialogue. In the next activity, you will answer some questions about it. If you need to, rewind the tape and listen to the dialogue again.

Attività 2. Vero o falso? You will hear five statements based on the dialogue. Check *vero* if the statement is true and *falso* if it is false.

	1	2	3	4	5
Vero	___	___	___	___	___
Falso	___	___	___	___	___

PRONUNCIA

Attività 3. Pronuncia: La lettera *h*. Listen and repeat the following sentences. Remember that the letter *h* is always silent in Italian.

Quanti anni hai?
Oh, che peccato!
Dov'è l'Hotel Pilato?
Non ho un hobby.
Chiamo il cameriere?
Che cosa fai oggi?

Attività 4. Pronuncia: Il suono delle lettere *qu*. Listen and repeat the following words. Remember that in Italian the letters *qu* are pronounced /kw/, as in *quando* and *quanti*.

qualcosa	quindici
quando	cinque
quattro	liquido
quaderno	frequentare

Attività 5. Quel quadro. Listen to the dialogue between a customer and an artist, and repeat each line after it is spoken. Pay special attention to the pronunciation of the letters *qu*.

(Cliente)	Quanto costa quel quadro?
(Artista)	Quale? Quello grande?
(Cliente)	No. Quello piccolo.
(Artista)	Cinquantacinquemila lire.

Attività 6. Pronuncia: Dittonghi e trittonghi.   Listen and repeat the following words, paying attention to the pronunciation of diphthongs and triphthongs.

grazie	Pietro	Siena	vuoi
buono	stadio	fai	puoi
vuole	piano	sei	aiutare

Attività 7. Giochiamo a pallone?   Listen to the dialogue between Gianfranco and Fabio, and repeat each line after it is spoken. Pay attention to pronunciation and to stress.

(Gianfranco)	Giochiamo a pallone?
(Fabio)	Ma siamo quattro gatti!
(Gianfranco)	Chiama i tuoi amici.
(Fabio)	Non so se desiderano giocare.

AMPLIAMENTO DEL VOCABOLARIO

Attività 8. Che settimana!   Giulio is telling a friend how busy he is this week. As you listen, write down next to each of his activities the day of the week when he plans to do it.

1. Va al concerto: _____

2. Ha gli esami di matematica: _____

3. Studia con Carlo: _____

4. Parte per la montagna: _____

5. Va a sciare: _____

6. Torna a casa: _____

7. Va al museo: _____

Attività 9. Logica o no?   You will hear seven statements using time expressions. Some make sense and some don't. Indicate with a check mark the statements that make sense.

1	2	3	4	5	6	7
___	___	___	___	___	___	___

STRUTTURA ED USO

Attività 10. Presente dei verbi regolari in -ere. (a) Say that Luigi does each of the following things. (b) Now, say that both Luigi and Lucia do the following things. (c) Now, ask Luigi and Lucia if they are doing the following things.

Attività 11. Formulare le domande. You will hear six statements. For each one, supply the appropriate word to complete the corresponding question.

1. A _____ chiede un favore Silvana?

2. _____ legge il giornale Marisa?

3. _____ vede i suoi amici Nicola?

4. _____ chiudi la finestra?

5. _____ si chiama suo fratello?

6. _____ prendete?

Attività 12. I verbi irregolari *dare, fare, stare*. (a) **Presente di *dare*.** Say that the people mentioned give Elena a ticket. (b) **Presente di *fare*.** Say that the people mentioned are taking a trip. (c) **Presente di *stare*.** Ask the people you hear mentioned how they are.

COMPRENSIONE

Attività 13. Dettato. You will hear five pairs of questions and answers. Each question will be repeated. Write the answer you heard.

➤ *Lunedì lavoro.*

1. _____

2. _____

3. _____

4. _____

5. _____

Attività 14. Una piccola storia. You will hear three sentences—a, b, and c—that tell a story when arranged in the right order. Write down the order in which they should occur.

_____ ; _____ ; _____

Attività 15. Domande. You will hear five questions. For each one, choose the logical response.

1. a. _____ No, mi dispiace, sono impegnato.

   b. _____ No, mi dispiace, passo subito a prenderti.

2. a. _____ Prendete una limonata, per favore.

   b. _____ Non abbiamo sete.

3. a. _____ Volentieri.

   b. _____ Niente di speciale.

4. a. _____ A mezzanotte.

   b. _____ La notte.

5. a. _____ Credo di no.

   b. _____ Sì, faccio qualcosa di bello domani.

LEZIONE 5   Ad una festa mascherata

Attività 1. Comprensione del dialogo.   Listen to the dialogue. The next activity will ask you some questions about it. If you need to, rewind the tape and listen to the dialogue again.

Attività 2. Vero o falso?   You will hear five statements based on the dialogue. Check *vero* if the statement is true, and *falso* if it is false.

	1	2	3	4	5
Vero	____	____	____	____	____
Falso	____	____	____	____	____

PRONUNCIA

Attività 3. Pronuncia: I suoni delle lettere *c* e *ch*.   Listen and repeat the following words. Remember that *ch* is always pronounced hard, as in *chemistry,* and that *c* and double *c* before *e* and *i* are pronounced soft, as in *ancient.*

perché	caro	ricevere	dieci
maschera	piccolo	piacere	facile
chi	Franco	liceo	vicino
chiamo	costume	centro	società
vecchio	ricco	cappuccino	faccia

Attività 4. Che macchina piccola!   Listen to the dialogue between Simonetta and Lorenzo, and repeat each line after it is spoken. Pay attention to the sounds of the letter *c.*

(Simonetta)	Che macchina piccola!
(Lorenzo)	Non ti piace la mia macchina?
(Simonetta)	Non mi piacciono le macchine piccole.
(Lorenzo)	È piccola ma è veloce. Com'è la tua?
(Simonetta)	Vecchia e poco veloce.

AMPLIAMENTO DEL VOCABOLARIO

Attività 5. Opposti.   You will hear six pairs of descriptive sentences. Check off each pair that describes people with opposite characteristics.

	1	2	3	4	5	6
Opposti *(opposites)*	____	____	____	____	____	____

Attività 6. Caratteristiche personali. You will hear some sentences describing Filippo. After each one, say that his sister Anna has the same characteristic.

Attività 7. La alta o la bassa? Alessandro and Daniela are talking about Margherita and Tiziana. As you listen, check off the adjectives they use to describe Margherita, and the ones they use to describe Tiziana.

		Margherita	Tiziana
(1)	alta	____	____
(2)	bassa	____	____
(3)	magra	____	____
(4)	intelligente	____	____
(5)	antipatica	____	____
(6)	simpatica	____	____
(7)	carina	____	____
(8)	timida	____	____
(9)	divertente	____	____
(10)	dinamica	____	____

STRUTTURA ED USO

Attività 8. Concordanza degli aggettivi qualificativi. You will hear questions asking what someone or something is like, followed by incomplete answers. Complete each answer by choosing the appropriate form of the adjective.

➤ ____ alto   ✔ alta   ____ alti   ____ alte

1. ____ facile   ____ facili

2. ____ simpatico   ____ simpatici   ____ simpatica   ____ simpatiche

3. ____ elegante   ____ eleganti

4. ____ molto   ____ molte   ____ molti   ____ molta

5. ____ bello   ____ belle   ____ belli   ____ bella

6. ____ brutto   ____ brutta   ____ brutti   ____ brutte

Attività 9. Cose buone. You will hear five questions. Respond by completing the answers with the appropriate form of the adjective *buono*.

1. È un _____ orologio.

2. Sì, è una _____ amica.

3. Sì, ho un _____ stereo.

4. Sì, signorina, le faccio un _____ prezzo.

5. È una _____ gelateria.

Attività 10. Che bello! Gabriella is exclaiming at all the beautiful people and things she sees on via Condotti in the center of Rome. Tell what she says when she sees them.

Attività 11. I verbi in -ire. You will hear some questions using verbs ending in *-ire*. As you listen, complete the answers by supplying the appropriate verb form.

1. No, non _____ le finestre perché ho freddo.

2. _____ di andare al mare questo pomeriggio.

3. Sì, _____ quasi tutto.

4. Maria e la sorellina _____ la camera tutti i giorni.

5. _____ un tè, grazie.

6. _____ questa cartolina ai nostri amici.

7. _____ di studiare fra un'ora.

8. Carlo _____ molto, ma Giulio e Laura _____ poco.

Attività 12. I verbi irregolari *andare* e *venire*. Tell where the people you hear named are coming from, and where they are going.

Patrizia: Salerno / Orvieto
noi: Torino / Bari
tu: Perugia / Bologna
tu e Viviana: Siena / Rimini

COMPRENSIONE

Attività 13. Dettato.   The passage you will hear next will be read three times. (a) First, just listen. (b) Now listen again, and fill in the missing words.

_____ . Domenica _____

_____ Porta Portese _____ acquisti.

_____

care. _____ a Marcella _____

_____ .

(c) Now listen once more, and check what you wrote.

Attività 14. Dove fare gli acquisti.   Listen to the cultural note. The next activity will ask you some questions about it.

Attività 15. Vero o falso?   You will hear five statements based on the cultural note. Check *vero* if the statement is true, and *falso* if it is false.

	1	2	3	4	5
Vero	____	____	____	____	____
Falso	____	____	____	____	____

LEZIONE 6   In pizzeria con gli amici

Attività 1. Comprensione del dialogo.   Listen to the dialogue. The next activity will ask you some questions about it.

Attività 2. Domande e risposte.   You will hear five questions based on the dialogue. Respond to each one by completing the answer.

1. Mangiano _____ .

2. Sergio ha _____ la sua vacanza all'estero.

3. È una bella _____ di marca _____ .

4. Sergio va _____ .

5. Valerio è _____ in _____ .

PRONUNCIA

Attività 3. Pronuncia: Il suono della lettera r.   Listen and repeat the following words, paying attention to the pronunciation of the letter r.

rosso	dire	Edoardo	arrivederci
ragione	freni	birra	Corrado
cameriera	marca	terra	carriera
Marotta	corso	arrivare	

Attività 4. A che ora arriva il treno?   You will hear a dialogue between signorina Rosi and the clerk at the train station. Repeat each line, paying attention to the pronunciation of r and double r.

(Signorina Rosi)	Scusi, signora.
(Impiegata)	Prego, signorina. Desidera?
(Signorina Rosi)	A che ora arriva il treno da Ravenna?
(Impiegata)	Arriva fra mezz'ora.
(Signorina Rosi)	Grazie. Arrivederci.
(Impiegata)	Prego. Buon giorno, signorina.

AMPLIAMENTO DEL VOCABOLARIO

Attività 5. I mesi dell'anno.   You will hear the name of a month. Respond by naming the months that precede and follow it.

Attività 6. Vero o no?   Now you will hear some sentences about the seasons and months of the year. Identify the ones that make sense by checking *vero* in your lab manual.

	1	2	3	4	5	6
Vero	___	___	___	___	___	___

Attività 7. Abbinamento.   You will hear descriptions of the four seasons. As you listen, match the number of each description with the corresponding drawing.

___   ___   ___   ___

Attività 8. Espressioni di tempo al passato.   You will hear brief explanations of how long ago certain people went to Italy. Respond by completing the sentences in your lab manual.

➤ Enrico è andato in Italia _____*ieri*_____ .

1. Lino è andato in Italia due _____ .

2. Mio padre è andato in Italia il _____ .

3. Marco è andato in Italia l' _____ .

4. Mia zia è andata in Italia la _____ .

5. Rita è partita per l' Italia due _____ .

STRUTTURA ED USO

Attività 9. Passato prossimo con *avere*.   You will hear some sentences in the present tense. Change each one to the past tense.

Attività 10. Passato prossimo con *essere*.   You will hear some sentences in the present tense. Change each one to the past tense.

Attività 11. Participi passati irregolari.   You will hear questions about what you are doing. Answer that you did each activity a while ago.

Attività 12. I verbi irregolari *bere, dire, uscire*.   (a) **Presente di *bere*.** Say what the people you hear named are drinking. (b) **Presente di *dire*.** Say that the people you hear named always tell the truth. (c) **Presente di *uscire*.** Tell a friend when the people you hear named plan to go out.

COMPRENSIONE

Attività 13. Dettato.   The passage you will hear next will be read three times. (a) First, just listen. (b) Now listen again, and supply the missing words.

_____ Stati Uniti.

_____ il nove _____

quattro settimane. _____ interessanti

_____ giovani americani _____ .

_____ in Italia _____ .

(c) Now listen once more, and check what you wrote.

Attività 14. La fortuna di Sergio.   You will hear a short paragraph. First read the statements in your lab manual. Then listen and indicate with a check mark whether each statement is **corretto** *(correct),* **sbagliato** *(incorrect),* or contains **informazione non data** *(information not given)* in the paragraph.

	Corretto	Sbagliato	Informazione non data
1. Sergio non compra mai i biglietti della lotteria.	____	____	____
2. Domenica Sergio ha vinto un po' di soldi.	____	____	____
3. Sergio ha voglia di andare in Irlanda.	____	____	____
4. Il povero ragazzo non è stato fortunato abbastanza.	____	____	____
5. Domani Sergio va a comprare una moto nuova.	____	____	____

LEZIONE 7   Il mercato all'aperto

Attività 1. Comprensione del dialogo.   Listen carefully to the dialogue.

Attività 2. Vero o falso?   You will hear five statements based on the dialogue. For each one, choose *vero* or *falso*.

	1	2	3	4	5
Vero	___	___	___	___	___
Falso	___	___	___	___	___

PRONUNCIA

Attività 3. Pronuncia: I suoni della lettera *s*.   Listen and repeat the following words, paying attention to the sounds of the letter *s*. Remember that the letter *s* has two sounds in Italian, *s* as in *sing* and *z* as in *rose*.

sabato	assaggiare	cosa	mese
soldi	essere	spesa	casa
veste	stesso	confusione	svegliare
spinaci	indossare	desidera	sgarbato

Attività 4. Senti, Susanna.   You will hear a dialogue between Stefano and Susanna. Repeat each line, paying attention to the pronunciation of the letter *s*.

(Stefano)   Senti, Susanna. Passo a prenderti stasera?
(Susanna)   Sì. Passa verso le sette.
(Stefano)   Sarò a casa tua alle sette precise.
(Susanna)   Non ti sbagliare. Abito in corso Pesaro sedici.
(Stefano)   Non mi sbaglio di sicuro.

AMPLIAMENTO DEL VOCABOLARIO

Attività 5. I numeri da 100 in poi.   (a) You will hear a series of numbers. Counting by hundreds, give the numbers that precede and follow each one. (b) Now, counting by thousands, give the numbers that precede and follow each of the numbers you hear.

Attività 6. I numeri da 100 in poi.   You are going to hear eight phrases containing numbers. Using numerals, write each number you hear in the space provided.

➤ _____*150*_____

1. _____

2. _____

3. _____

4. _____

5. _____

6. _____

7. _____

8. _____

Attività 7. Hai comprato tutto?   Signora Lisi is talking to her housekeeper Vera, who has just returned from shopping. As you listen, consult the grocery list. For each item, check *sì* if Vera bought it, and *no* if she didn't.

		Sì	No
(1)	Pane	____	____
(2)	Pasta	____	____
(3)	Asparagi	____	____
(4)	Fagiolini	____	____
(5)	Pomodori	____	____
(6)	Carciofi	____	____
(7)	Ciliege	____	____
(8)	Uva	____	____
(9)	Pompelmi	____	____
(10)	Limoni	____	____
(11)	Carne	____	____
(12)	Formaggio	____	____
(13)	Latte	____	____

STRUTTURA ED USO

Attività 8. Gli aggettivi e pronomi dimostrativi *questo* **e** *quello*. (a) Answer the questions you will hear by saying that you prefer that food or those foods to this food or these foods. (b) Now answer the questions you will hear by saying yes, you are buying that one or those.

Attività 9. Verbi riflessivi. (a) You will hear a series of questions using reflexive verbs. Answer them in the affirmative. (b) Now answer **no** to the questions you hear.

Attività 10. Verbi riflessivi nel passato. You will hear some statements in the present tense using reflexive verbs. Repeat each one in the **passato prossimo**.

Attività 11. Imperativo. You will hear six sentences. For each one, indicate with a check mark whether it is the **tu, noi,** or **voi** form of the imperative.

	➤	1	2	3	4	5	6
Tu	___	___	___	___	___	___	___
Noi	___	___	___	___	___	___	___
Voi	✔	___	___	___	___	___	___

Attività 12. Comandi. Susanna is caring for two children. The younger child never obeys her. Each time she gives an order, she must repeat it for him. Give the singular form for each command you hear. Remember to change the adjectives from plural to singular.

COMPRENSIONE

Attività 13. Dettato. The passage you will hear next will be read three times. (a) First, just listen. (b) Now listen again, and supply the missing words.

_____ mattina _____ a fare

_____ _____ all'aperto _____ casa nostra.

_____ un chilo _____ , un chilo _____

e mezzo chilo _____ . _____ anche _____

_____ : _____ , _____ , _____ .

Ma _____ di comprare _____ .

(c) Now listen once more, and check what you wrote.

LEZIONE 8   Una cena in famiglia

Attività 1. Comprensione del dialogo.   Listen to the dialogue. As you listen, identify with a check mark the activities of each of the characters.

	Carlo	Luciana	Stefano	Alessandra
(1) Frequenta il liceo.	____	____	____	____
(2) È il nome del padre.	____	____	____	____
(3) Giuliana è la sua amica.	____	____	____	____
(4) Vuole andare in Inghilterra.	____	____	____	____
(5) È il nome della madre.	____	____	____	____
(6) Vuole andare in Calabria.	____	____	____	____
(7) Ha messo da parte un po' di soldi.	____	____	____	____

PRONUNCIA

Attività 2. Pronuncia: I suoni delle lettere *sc* e *sch*.   Listen and repeat the following words, paying particular attention to the sounds of *sc* and *sch*. Remember that *sc* is pronounced in two ways, depending on the vowel that follows it: soft, as in ***pesce,*** before *e* and *i;* and hard, as in ***pesca,*** before *a, o,* and *u. Sch* is always pronounced hard, as in ***scherzi.***

scientifico	nascere	scortese	dischi
scelta	preferisce	discutere	tedesche
conoscere	ascoltare	conosco	pesche
sciare	scusa	iscriversi	

Attività 3. Il pesce fresco.   Listen to the dialogue between Carlo and Luciana. Repeat each line, paying attention to the pronunciation of *sc* and *sch*.

(Carlo)	Preferisci comprare il prosciutto?
(Luciana)	No, preferisco il pesce fresco.
(Carlo)	Ecco una pescheria.
(Luciana)	Ma non c'è molta scelta!
(Carlo)	Allora lascia stare il pesce fresco.
(Luciana)	Sì, scegliamo un bel prosciutto.

AMPLIAMENTO DEL VOCABOLARIO

Attività 4. La famiglia ed i parenti.   You will hear some nouns referring to family members. If you hear the masculine form, give the feminine form, and vice versa.

Attività 5. Ecco la mia famiglia.   Serena is showing a friend a picture of her family. Check off the phrase or phrases that best fit each relative, according to her descriptions.

	Patrigno	Madre	Nonno	Cognata	Sorella
(1) È ingegnere.	___	___	___	___	___
(2) È dinamico.	___	___	___	___	___
(3) È magra.	___	___	___	___	___
(4) Le piace il tennis.	___	___	___	___	___
(5) È un avvocato in pensione.	___	___	___	___	___
(6) È separata.	___	___	___	___	___
(7) Si sposa fra un anno.	___	___	___	___	___

Attività 6. Logica o no?   You will hear eight questions and statements. Identify the ones that make sense by checking *logica*.

	1	2	3	4	5	6	7	8
Logica	___	___	___	___	___	___	___	___

Attività 7. Il pieno, signore?   You will hear a dialogue. After listening, answer the questions about it.

È pigro o dinamico il benzinaio? _____

È simpatico o antipatico? _____

È sgarbato o gentile? _____

STRUTTURA ED USO

Attività 8. I verbi *dovere, potere, volere.*   (a) **Presente di *dovere.*** Say that the people whose names you hear have to go shopping. (b) **Presente di *potere.*** Now say that the people whose names you hear cannot go to the market. (c) **Presente di *volere.*** Now say that the people whose names you hear always want to take a taxi.

Attività 9. Aggettivi possessivi.   (a) For each name you hear, ask where the children are. Use a possessive adjective in your question. (b) Now say that the following members of your family are well.

Attività 10. Aggettivi possessivi.   Respond to the following questions in the affirmative. Use the appropriate possessive adjective.

Attività 11. Pronomi diretti.   You will hear eight questions. Repeat each one, replacing the direct object with a pronoun.

COMPRENSIONE

Attività 12. Domande e risposte.   You will hear a question and answer. Then you will hear the question again. During the pause, write the answer you heard.

➤ *Guido lentamente.*

1. _____

2. _____

3. _____

4. _____

5. _____

Attività 13. Una macchina di seconda mano.   A buyer and a seller are talking about a secondhand car. As you listen, complete the information requested. Review the list of incomplete statements before listening to the telephone conversation.

1. Quello che vuole ricevere dalla vendita il venditore: _____

2. Quando può vedere la macchina il compratore: _____

3. Dove deve andare oggi il venditore: _____

4. Quanti chilometri ha fatto la macchina: _____

5. Le condizioni della macchina: _____

LEZIONE 9   Un anno all'estero

Attività 1. Comprensione della lettera.   Listen to Susan's letter to Roberto.

Attività 2. Vero o falso?   You will hear five statements based on Susan's letter. For each one, choose *vero* or *falso*.

	1	2	3	4	5
Vero	___	___	___	___	___
Falso	___	___	___	___	___

PRONUNCIA

Attività 3. Pronuncia: I suoni della lettera *g*.   Listen and repeat the following words, paying attention to the sounds of the letter *g* and double *g*. Remember that the letter *g* is pronounced hard, as in *gatto,* before the letters *a, o,* and *u; gh* is always pronounced hard. Before *e* and *i, g* is pronounced soft, as in *gennaio.*

inglese	righe	maggio	giovane
guardare	laghi	pomeriggio	gente
godere	paghiamo	suggerire	nostalgia
lingua	larghe	spiaggia	Perugia

Attività 4. Che giorno è oggi?   Listen to the dialogue between Giorgia and Gina. Repeat each line, paying attention to the sounds of the letter *g.*

(Giorgia)	Che giorno è oggi, Gina?
(Gina)	È giovedì. Oggi è il due maggio.
(Giorgia)	Domani pomeriggio vado in Liguria.
(Gina)	A Genova, non è vero?
(Giorgia)	Sì. Vado a Genova con i miei genitori.
(Gina)	Io invece raggiungo i miei colleghi sul Lago di Garda.

AMPLIAMENTO DEL VOCABOLARIO

Attività 5. Che tempo fa?   You will hear five brief descriptions of the weather. Match each one with the most appropriate weather expression.

a. _____ È afoso.

b. _____ È sereno.

c. _____ Fa bel tempo.

d. _____ Fa freddo.

e. _____ Fa cattivo tempo.

Attività 6. Descrizioni.   You will hear four descriptions of the weather. As you listen, match the number of each description with the appropriate drawing.

_____   _____   _____   _____

Attività 7. Alcune espressioni di tempo con *volta, di, ogni, tutti, tutte*.   You will hear five statements. Match each one with the appropriate time expression.

a. _____ di solito

b. _____ ogni estate

c. _____ di rado

d. _____ tutti i giorni

e. _____ una volta alla settimana

STRUTTURA ED USO

Attività 8. L'imperfetto. Caterina is asking Tommaso about his trip to the United States. You will hear her questions asking if he did certain things. Complete Tommaso's answers by writing the appropriate form of the imperfect.

1. Sì, lo _____ ogni giorno.

2. Sì, qualche volta _____ una partita di baseball alla TV, ma non l'ho capita per niente.

3. Sì, tutti i giorni _____ indicazioni (*directions*) in inglese.

4. Sì, a volte _____ il giornale in inglese.

5. Sì, di quando in quando _____ una telefonata in inglese.

6. Sì, ogni tanto _____ una Cherokee.

Attività 9. Espressioni negative. You will hear a series of questions, each one followed by a cue. Answer each question using the cue.

Attività 10. Pronomi personali di forma tonica. You will hear a series of questions, each one followed by *sì* or *no*. Answer each question as indicated, using the appropriate disjunctive pronoun.

Attività 11. Pronomi possessivi. You will hear a series of statements describing Gino's possessions. Respond by saying that your belongings have the same characteristics. Use the appropriate possessive pronoun.

Attività 12. Di chi è questa valigia? You and Arturo are cleaning up after a party at your house. When he finds something that someone left behind, he asks if it belongs to someone in particular. Answer yes each time, using the appropriate possessive pronoun.

COMPRENSIONE

Attività 13. Dettato.   The passage you hear next will be read three times. (a) First, just listen. (b) Now listen
again, and supply the missing words.

L'estate _____ , quando _____ spesso

_____ . Qualche volta _____

_____ . _____

_____ vari paesi interessanti nei dintorni _____

_____ . _____ ad andare

in giro _____

ceramiche locali. _____ .

Raramente _____ ma _____ .

(c) Now listen once more, and check what you wrote.

LEZIONE 10   Una via elegante

Attività 1. Comprensione del dialogo.   Listen to the dialogue.

Attività 2. Vero o falso?   You are going to hear five statements based on the dialogue. For each one choose *vero* or *falso*.

	1	2	3	4	5
a. Vero	____	____	____	____	____
b. Falso	____	____	____	____	____

PRONUNCIA

Attività 3. Pronuncia: Il suono delle lettere *gli*.   Listen and repeat the following words, paying attention to the sound of the letters *gli*. Remember that *gli* is pronounced somewhat like the *lli* in *million*.

gli	biglietto	abbigliamento
figli	maglia	bottiglia
agli	meglio	Cagliari
degli	luglio	voglio

Attività 4. Dov'è Cagliari?   Listen to the conversation of two tourists in Sardegna. Repeat each line, paying attention to the pronunciation of *gli*.

(Il turista)	Cagliari è al nord.
(La turista)	No, ti sbagli. Cagliari è al sud.
(Il turista)	Vogliamo andare a Cagliari stasera?
(La turista)	È meglio domani. Ora gli uffici sono chiusi.
(Il turista)	Certo. Bisogna comprare i biglietti.

AMPLIAMENTO DEL VOCABOLARIO

Attività 5. In un negozio di abbigliamento. Listen to the dialogue between signor Landi and a clerk in a clothing store. As you listen, identify with a check mark the items that signor Landi buys.

1. _____ guanti

2. _____ calzini

3. _____ sciarpa

4. _____ cappello

5. _____ cravatta

Attività 6. Gli annunci pubblicitari. You will hear three radio commercials about sales taking place at department stores *(grandi magazzini)*. As you listen, identify with a check mark which department store would be of interest to each of the people listed. Before listening to the commercials, read the list of people and the items they need.

	Rinascente	Standa	Coin
1. Il signor Bini: un cappotto	_____	_____	_____
2. Tina: una camicetta di seta	_____	_____	_____
3. Massimo: scarpe	_____	_____	_____
4. Cristiano: una giacca	_____	_____	_____
5. Sandra: una gonna di lino	_____	_____	_____
6. Amerigo: una camicia con le maniche lunghe	_____	_____	_____
7. Diana: stivali	_____	_____	_____
8. Augusto: pantaloni di lana	_____	_____	_____

STRUTTURA ED USO

Attività 7. Contrasto fra l'imperfetto ed il passato prossimo.   The following sentences describe Claudio's trip to Venice last year. For each sentence, you will hear a time expression. Circle the appropriate form of the verb.

1. . . . andavo / sono andato in treno da Firenze a Venezia.

2. . . . visitavo / ho visitato piazza San Marco.

3. . . . andavo / sono andato in barca all'isola di Burano.

4. . . . mangiavo / ho mangiato il pesce.

5. . . . visitavo / ho visitato il museo dell'Accademia per vedere le opere di Tintoretto.

6. . . . andavo / sono andato in gondola perché costava troppo.

Attività 8. Plurale di alcuni nomi ed aggettivi.   You will hear a series of phrases consisting of a singular noun and adjective. Give the plural of each phrase.

Attività 9. *Sapere* e *conoscere*.   Use *sapere* or *conoscere,* whichever is appropriate, and the *lei* form of the verb to ask whether an acquaintance knows the following.

COMPRENSIONE

Attività 10. Frasi incomplete.   You will hear the beginning of a sentence, followed by two alternative endings. The beginning of the sentence will then be repeated. Write it next to the correct ending.

➤ a. _____   ai modelli eleganti.

    b. *Alla sfilata partecipavano*   solo gli uomini.

1. a. _____   partecipato alla sfilata.

    b. _____   alla regione Toscana.

2. a. _____   avuto molto successo.

    b. _____   agli studenti universitari.

3. a. _____   borsa e sandali.

    b. _____   indossava una giacca di seta.

4. a. _____   in una vetrina di un negozio.

    b. _____   portava un abito lungo.

5. a. _____   sono sensazionali.

    b. _____   elegante ma caro.

Attività 11. Un vestito elegante. Listen to a conversation between a customer and a salesclerk in a clothing shop. As you listen, check off *sì* or *no*, for the questions in your lab manual.

	Sì	No
1. La signorina vuole un vestito costoso?	____	____
2. Ci sono nel negozio modelli di stilisti famosi?	____	____
3. Costa meno di un milione il vestito di Laura Biagiotti?	____	____
4. È possibile provare il vestito?	____	____
5. La commessa è disposta a fare uno sconto?	____	____

LEZIONE 11   La settimana bianca

Attività 1. Comprensione del dialogo.   Listen carefully to the dialogue.

Attività 2. Vero o falso?   You will hear five statements based on the dialogue. For each one, choose *vero* or *falso*.

	1	2	3	4	5
Vero	___	___	___	___	___
Falso	___	___	___	___	___

PRONUNCIA

Attività 3. Pronuncia: Il suono delle lettere *gn*.   Listen and repeat the following words, paying attention to the sound of the letters *gn*. Remember that in Italian the letters *gn* are pronounced very much like the *ny* in *canyon*.

ogni	montagna	cognome	compagno
signorina	bisogno	giugno	Spagna
signora	ognuno	magnifico	compagna

Attività 4. Mio cognato è spagnolo.   Listen to the dialogue between Cesare and Valerio. Repeat each line, paying attention to the *gn* sound.

(Cesare)	È spagnolo tuo cognato?
(Valerio)	Sì, ma non insegna in Spagna.
(Cesare)	Dove insegna?
(Valerio)	A Legnano.
(Cesare)	Lo vedi spesso?
(Valerio)	Sì, quasi ogni mese.

AMPLIAMENTO DEL VOCABOLARIO

Attività 5. Il corpo umano. You will hear three short dialogues. As you listen, identify with a check mark the parts of the body they mention.

1. _____ collo   6. _____ capelli

2. _____ testa   7. _____ piedi

3. _____ gola   8. _____ gambe

4. _____ ginocchio   9. _____ braccia

5. _____ occhi   10. _____ caviglia

Attività 6. Oggetti personali utili. You will hear five radio ads for useful personal objects. As you listen, number the drawings to show which object you hear advertised in each ad.

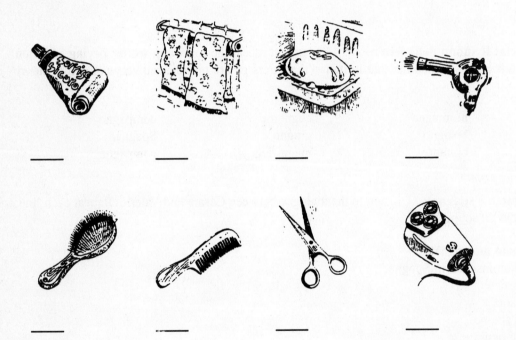

STRUTTURA ED USO

Attività 7. Pronomi indiretti. You will hear a series of questions, each one followed by two possible responses. The question will then be repeated. Choose the logical answer, *a* or *b*.

➤	1	2	3	4	5	6	7
a. ✔	___	___	___	___	___	___	___
b. ___	___	___	___	___	___	___	___

Attività 8. Costruzione con *piacere*. (a) Say that you like or like to do the things you hear named. (b) Now ask a friend if he liked the places and things you hear named.

Attività 9. Imperativo con i pronomi *lei* e *loro*. (a) Answer the questions you hear according to the cues given. Use the *lei* form of the command. (b) Now tell a group of people to do the things you will hear. Use the *loro* form of the command.

COMPRENSIONE

Attività 10. Domande e risposte. You will hear a series of questions and answers. Each question will be repeated. During the pause, write the answer that you heard.

➤ *No, non mi piacciono molto.* _____

1. _____

2. _____

3. _____

4. _____

5. _____

Attività 11. Un completo da sci. Listen to a dialogue between a customer and a salesclerk in a ski shop. As you listen, match the phrase that best completes each sentence in your lab manual.

1. _____ Il cliente ha bisogno di . . .

2. _____ Il negozio offre una vendita . . .

3. _____ Due articoli compresi nel completo da sci sono . . . e . . .

4. _____ Il cliente preferisce il completo di colore . . .

5. _____ Il prezzo del completo è . . .

a. pantaloni; guanti
b. nero
c. novecentomila lire
d. promozionale
e. un paio di sci
f. azzurro chiaro

LEZIONE 12   Chi gioca?

Attività 1. Comprensione del dialogo.   Listen carefully to the dialogue.

Attività 2. Vero o falso?   You will hear five statements based on the dialogue. Check *vero* or *falso,* whichever is appropriate.

	1	2	3	4	5
Vero	___	___	___	___	___
Falso	___	___	___	___	___

PRONUNCIA

Attività 3. Pronuncia: I suoni della lettera z.   Listen and repeat the following words, paying attention to the sounds of the letter z. Remember that the letter z is pronounced in two ways in Italian: *ts* as in *cats,* and *dz* as in *fads*.

zio	piazza	zero	azzurro
pazienza	bellezza	zaino	mezzo
zucchero	ragazzo	marzo	pizza
attenzione	prezzo	zona	mezzogiorno

Attività 4. Lo zaino azzurro.   Listen to the dialogue between Gastone and Lorenzo. Repeat each line, paying attention to the pronunciation of the letter z.

(Gastone)   Di chi è quello zaino azzurro?
(Lorenzo)   È dello zio Renzo.
(Gastone)   E dov'è lo zio Renzo?
(Lorenzo)   È andato a comprare la pizza.
(Gastone)   Dove?
(Lorenzo)   In una pizzeria in Piazza Mazzini.

AMPLIAMENTO DEL VOCABOLARIO

Attività 5. Gli sport.   You will hear five people talking about their favorite sports. As you listen, write down each speaker's favorite sport.

Maurizio: _____

Silvia: _____

Renato: _____

Cristina: _____

Ottavio: _____

Attività 6. La pubblicità commerciale.   You will hear an ad for a resort in the Alps. As you listen, indicate with a check mark which sports can be enjoyed there.

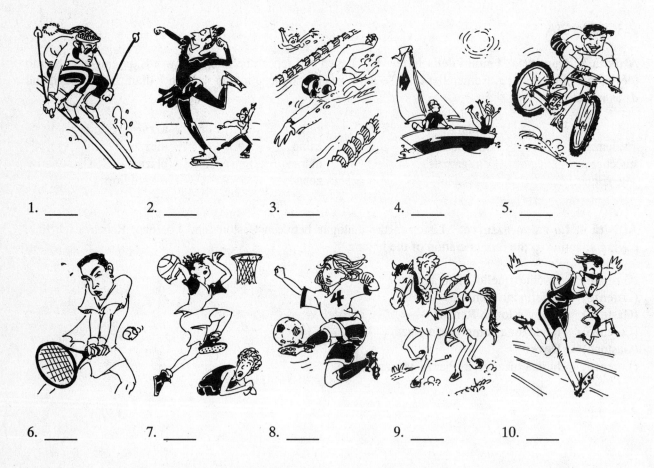

1. _____   2. _____   3. _____   4. _____   5. _____

6. _____   7. _____   8. _____   9. _____   10. _____

STRUTTURA ED USO

Attività 7. Futuro semplice.   You will hear eight sentences containing verbs in the present tense. Change each verb to the future tense.

COMPRENSIONE

Attività 8. Usi del futuro.   Answer each of the questions you will hear, using the cue given. Use the future tense to express probability.

Attività 9. Trapassato.   You will hear eight sentences containing verbs in the **passato prossimo.** The sentences also appear in your lab manual. Repeat each sentence, changing the verb from the **passato prossimo** to the **trapassato.**

➤   Hanno comprato i biglietti per la partita. **Avevano comprato i biglietti per la partita.**

1. Sono andati allo stadio.
2. Ha fatto il tifo per la Roma.
3. Hanno riservato i posti.
4. L'hai pensato anche tu?
5. Ho nuotato in piscina.
6. Gli avete dato i soldi?
7. Siamo andati in bicicletta.
8. Sono andata in barca con lui.

Attività 10. Dovrò chiamare Giuseppe.   You will hear someone thinking out loud. Listen to what he says, and then answer the questions in your lab manual.

	Sì	No
1. Questa persona andrà ad una partita di calcio?	_____	_____
2. Andrà alla partita oggi pomeriggio?	_____	_____
3. Forse Giuseppe andrà con lui?	_____	_____
4. Hanno acquistato i biglietti un mese fa?	_____	_____
5. I posti erano scomodi?	_____	_____

LEZIONE 13   Cento di questi giorni!

Attività 1. Comprensione del dialogo.   Listen to the dialogue. As you listen, identify with a check mark the character to which each activity or description applies.

	Franco	Paola	Luciana	Giulio
1. Fa la festa in casa sua.	____	____	____	____
2. Ha venti anni.	____	____	____	____
3. È la cugina di Franco.	____	____	____	____
4. È di Napoli.	____	____	____	____
5. Presenta la cugina agli amici.	____	____	____	____
6. Ha fame.	____	____	____	____
7. Ha sete.	____	____	____	____
8. Offre i panini agli amici.	____	____	____	____

AMPLIAMENTO DEL VOCABOLARIO

Attività 2. Cosa posso mangiare?   Listen to the dialogue between Alessia and her dietician. As you listen, identify with a check mark what Alessia should and shouldn't eat, according to her dietician.

	Sì	No			Sì	No
1. Il prosciutto	____	____	6. Il maiale		____	____
2. La pastasciutta	____	____	7. La bistecca		____	____
3. Il pesce	____	____	8. La zuppa inglese		____	____
4. Il tacchino	____	____	9. Il dolce		____	____
5. Il pollo	____	____	10. La frutta fresca		____	____

Attività 3. Alimenti e pasti. You will hear eight descriptions of foods and utensils. Identify with a check mark the item each one describes.

➤ a. ✔ bicchiere   b. ___ dolce   c. ___ coltello

1. a. ___ colazione   b. ___ brodo   c. ___ cena

2. a. ___ cucchiaino   b. ___ tovagliolo   c. ___ bicchiere

3. a. ___ coltello   b. ___ primo piatto   c. ___ forchetta

4. a. ___ sogliola   b. ___ sottaceti   c. ___ agnello

5. a. ___ primo piatto   b. ___ cucchiaio   c. ___ colazione

6. a. ___ tonno   b. ___ vitello   c. ___ polpo

7. a. ___ maiale   b. ___ pasta   c. ___ vongole

8. a. ___ tovagliolo   b. ___ bicchiere   c. ___ piatto

Attività 4. Cosa devo comprare? Listen to a dialogue between Ivana and her mother, who is asking her daughter to buy groceries. As you listen, identify the shops Ivana needs to go to in order to buy what her mother needs.

1. ___ Pasticceria

2. ___ Macelleria

3. ___ Salumeria

4. ___ Pescheria

5. ___ Latteria

6. ___ Panetteria

STRUTTURA ED USO

Attività 5. Il condizionale. You are going to hear a question and a cue. Answer the question using the cue.

Attività 6. Pronomi combinati. You will hear a series of questions, each one followed by two alternative responses. The question will then be repeated. Choose the correct answer by checking *a* or *b*.

➤ a. __✔__ Sì, glielo chiedo.

➤ b. _____ Sì, lo chiedo loro.

1. a. _____ Sì, me li devi mandare.

   b. _____ Sì, glieli devi mandare.

2. a. _____ Sì, glieli ho fatti.

   b. _____ Sì, te li ho fatti.

3. a. _____ No, non gliele ho chieste.

   b. _____ No, non glieli ho chiesti.

4. a. _____ Ce lo compra Tina.

   b. _____ Glielo compra Tina.

5. a. _____ Il cameriere gliela prepara.

   b. _____ Il cameriere ve la prepara.

6. a. _____ Sì, ce la facciamo.

   b. _____ Sì, gliela facciamo.

7. a. _____ No, non posso prestartelo.

   b. _____ No, non posso prestarmelo.

8. a. _____ Sì, me le lavo.

   b. _____ Sì, te li lavo.

Attività 7. Due significati speciali di *da*. You will hear a series of questions, each one followed by a cue. Answer the questions using the cues, and *da* plus the article.

Attività 8. Verbi riflessivi con significato di reciprocità. You will hear eight pairs of statements or questions. From each pair, choose the alternative that expresses reciprocity.

	➤	1	2	3	4	5	6	7	8
a.	___	___	___	___	___	___	___	___	___
b.	✔	___	___	___	___	___	___	___	___

COMPRENSIONE

Attività 9. Domande e risposte. You will hear a question followed by two answers. Write the correct answer. You will hear each question-and-answer set twice.

1. _____

2. _____

3. _____

4. _____

5. _____

6. _____

Attività 10. Auguri! You are going to hear three brief toasts. As you listen, write down what occasion is being celebrated.

Francesco e Lucia: _____

Nonno Paolo: _____

Giovanni: _____

Nome _____ Data _____

LEZIONE 14   Le notizie di oggi

Attività 1. Comprensione del telegiornale.   Listen carefully to the TV newscast.

Attività 2. La scelta giusta.   You will hear five questions based on the TV newscast. Each question mentions two possible answers. Check off the correct answer.

➤   __✔__ nell'Africa centrale

_____ nell'est europeo

1. _____ in Russia

_____ a Bruxelles

2. _____ i ministri degli esteri

_____ le case di moda

3. _____ con la Russia

_____ con la Francia

4. _____ una riunione lunga e difficile

_____ una riunione corta e facile

5. _____ dalla neve

_____ dalla nebbia

AMPLIAMENTO DEL VOCABOLARIO

Attività 3. Sei mai stata in Europa?   You will hear a conversation between Lorenzo and Susanna. As you listen, identify with a check mark the European countries that Susanna has visited and those that Lorenzo has visited.

	Susanna	Lorenzo			Susanna	Lorenzo
1. l'Italia	___	___	7. l'Inghilterra		___	___
2. il Belgio	___	___	8. la Grecia		___	___
3. la Svizzera	___	___	9. la Danimarca		___	___
4. la Francia	___	___	10. la Spagna		___	___
5. l'Irlanda	___	___	11. il Portogallo		___	___
6. l'Olanda	___	___				

Attività 4. Visitate l'Europa con noi. As you listen to this TV ad for Il globo travel agency, write down the names of the cities the tour promises to visit. Then stop the tape and add the Italian name of the country where each city is located.

Città   Paese

1. _____ _____

2. _____ _____

3. _____ _____

Attività 5. La radio e la televisione. You will hear six definitions. Write down the word or expression being defined. You will hear each definition twice.

➤ *il videoregistratore* _____

1. _____

2. _____

3. _____

4. _____

5. _____

6. _____

STRUTTURA ED USO

Attività 6. Congiuntivo presente. You will hear a question followed by two alternative responses. You will then hear the question again. Choose the most appropriate answer, *a* or *b*.

	➤	1	2	3	4	5	6
a.	___	___	___	___	___	___	___
b.	✔	___	___	___	___	___	___

Attività 7. Verbi con congiuntivo presente irregolare.   You will hear six sentences, each one followed by a cue. Repeat the sentence using the cue and changing the verb to the present subjunctive.

COMPRENSIONE

Attività 8. Completi le frasi.   You will hear the beginning of a sentence, followed by two alternative endings. The beginning of the sentence will then be repeated. Write it next to the correct ending.

➤ a. _____ a Belgrado.

  b. *I miei amici portoghesi abitano* _____ a Lisbona.

1. a. _____ la rete televisiva.

  b. _____ in diretta.

2. a. _____ molta pubblicità.

  b. _____ a pagamento.

3. a. _____ il giornale radio.

  b. _____ il televisore a colori.

4. a. _____ il telecomando.

  b. _____ i canali televisivi.

Attività 9. Commenti.   You will hear very brief descriptions of three experiences. Choose the appropriate exclamation in response.

1. a. _____ Che bello!

  b. _____ Non ci credo proprio!

  c. _____ Meno male!

2. a. _____ Che buffo!

  b. _____ Che disgrazia!

  c. _____ Possibile?

3. a. _____ Meno male!

  b. _____ Sarebbe ora!

  c. _____ Sarà vero?

LEZIONE 15   Che cosa è in programma?

Attività 1. Comprensione del dialogo.   Listen to the dialogue.

Attività 2. Completi le frasi.   You will hear five incomplete sentences based on the dialogue. Choose the correct ending for each one by checking *a, b,* or *c.*

1. a. _____   b. _____   c. _____

2. a. _____   b. _____   c. _____

3. a. _____   b. _____   c. _____

4. a. _____   b. _____   c. _____

5. a. _____   b. _____   c. _____

AMPLIAMENTO DEL VOCABOLARIO

Attività 3. La fiera degli strumenti musicali.   You will hear several people offering to sell or buy musical instruments on a radio program. As you listen, write the names of the instruments you hear mentioned.

1. _____   4. _____

2. _____   5. _____

3. _____   6. _____

Attività 4. I prefissi.   You will hear a series of words. Give the opposite of each one by adding the appropriate prefix.

STRUTTURA ED USO

Attività 5. Il congiuntivo.   You will hear a question followed by two alternative answers, *a* and *b*. Choose the correct answer. The question and answers will be said twice.

	➤	1	2	3	4	5
a.	✔	___	___	___	___	___
b.	___	___	___	___	___	___

Attività 6. Congiuntivo passato.   You will hear a series of questions, each one followed by a cue. Answer the questions using the past subjunctive and the cue.

Attività 7. Il congiuntivo dopo le congiunzioni.   (a) You will hear two brief sentences. Join them using *affinché* or *sebbene,* whichever is appropriate.

1. Parte lo stesso. Non si sente bene.
2. Vi telefoniamo. Voi venite con noi.
3. Prendono l'aereo. Preferiscono andare in macchina.
4. Preparo la cena. Mangiate prima di uscire.
5. Compro il libro. Tu puoi leggerlo.
6. Vado a piedi. Ho la macchina.

(b) Again you will hear two brief sentences. Join them using *purché* or *prima che,* whichever is appropriate.

1. Compro questo vestito. C'è il colore adatto.
2. Ti telefono. L'aereo parte.
3. Finiamo il dolce. La mamma arriva.
4. Comprano la pizza. La mangiamo anche noi.
5. Facciamo benzina. Partiamo per Napoli.

COMPRENSIONE

Attività 8. Dettato.   The passage you will hear next will be read three times. (a) First, just listen. (b) Now listen again, and supply the missing words.

_____ io e Francesco _____ al

Palazzo dello Sport _____

_____ . _____

_____

I cavalieri della notte e *Le sorelle nostrane* _____

_____

quali Michele Orlandini e Gustavo da Rieti. _____

_____ .

(c) Now listen once more, and check what you wrote.

LEZIONE 16   E dopo la laurea?

Attività 1. Comprensione dell'intervista.   Listen to the interview. As you listen, identify the character each statement describes.

	Giovanni	Giorgio	Patrizia	Claudia
1. È giornalista.	____	____	____	____
2. Sono studenti universitari.	____	____	____	____
3. Studia scienze politiche.	____	____	____	____
4. Secondo la sua opinione, sono necessari contatti più stretti fra l'università e l'industria.	____	____	____	____
5. Le piace l'architettura.	____	____	____	____
6. Vuole essere ingegnere.	____	____	____	____

AMPLIAMENTO DEL VOCABOLARIO

Attività 2. Mestieri, professioni ed altre occupazioni. Che lavoro vuoi fare?   You will hear Emilio and Milena talking about occupations. As you listen, identify the occupations that Emilio, Milena, and Emilio's mother would like to pursue.

1. _____ impiegato
2. _____ attore
3. _____ attrice
4. _____ avvocato
5. _____ regista
6. _____ dentista
7. _____ farmacista
8. _____ medico

9. _____ uomo d'affari
10. _____ donna d'affari
11. _____ operaio
12. _____ architetto
13. _____ casalinga
14. _____ pianista
15. _____ meccanico
16. _____ elettricista

Attività 3. Il mondo del lavoro.   You are going to hear five definitions. Identify with a check mark the word that corresponds to each definition. You will hear each definition twice.

➤ a. __✔__ il capo

   b. _____ il colloquio

1. a. _____ fabbrica

   b. _____ aula

2. a. _____ le ferie

   b. _____ carriera

3. a. _____ posto

   b. _____ scambio

4. a. _____ gestione

   b. _____ stipendio

5. a. _____ guadagnare

   b. _____ licenziarsi

Attività 4. Minidialoghi.   You are going to hear four brief dialogues. After listening to each one, identify what it was about.

1. a. _____ un concorso   b. _____ la gestione   c. _____ un ascolto

2. a. _____ lo scambio   b. _____ la carriera   c. _____ il capo

3. a. _____ i giorni di ferie   b. _____ il salario   c. _____ essere in ascolto

4. a. _____ licenziarsi   b. _____ la qualifica   c. _____ sostenere un colloquio

STRUTTURA ED USO

Attività 5. Imperfetto del congiuntivo.   You will hear an incomplete sentence followed by two alternative endings. Choose the correct ending, *a* or *b*. You will hear each item twice.

➤ a. _____ si licenzi da quel lavoro.

   b. __✔__ si licenziasse da quel lavoro.

1. a. _____ mi sistemassi al più presto.

   b. _____ mi sia sistemato subito.

2. a. _____ guadagnano di più.

    b. _____ guadagnassero di più.

3. a. _____ intraprendesse la carriera militare.

    b. _____ intraprenda la carriera politica.

4. a. _____ ci assumano.

    b. _____ ci assumessero.

5. a. _____ intervistassero prima di me.

    b. _____ intervistino domani.

6. a. _____ si laurea.

    b. _____ si laureasse.

7. a. _____ riesca a sistemarsi.

    b. _____ riuscisse a sistemarsi.

8. a. _____ erano disoccupati.

    b. _____ fossero disoccupati.

Attività 6. Trapassato del congiuntivo. You will hear an incomplete sentence followed by two alternative endings. Choose the correct ending, *a* or *b*. You will hear each item twice.

➤ a. _✔_ fosse riuscito a intervistarlo.

➤ b. _____ sia riuscito a intervistarlo.

1. a. _____ si fossero orientati bene.

    b. _____ si siano orientati bene.

2. a. _____ fossero stati scambi culturali fra i due paesi.

    b. _____ siano scambi culturali fra i due paesi.

3. a. _____ esprima la tua opinione.

    b. _____ avessi espresso la tua opinione.

4. a. _____ siamo stati d'accordo.

    b. _____ fossimo stati d'accordo.

5. a. _____ fosse stata in ascolto.

   b. _____ sia in ascolto in questo momento.

6. a. _____ richiediate un colloquio.

   b. _____ aveste richiesto un colloquio.

Attività 7. Frasi introdotte da *se*.   You will hear six statements containing *if* clauses introduced by *se*. Listen closely to determine whether each sentence refers to a hypothetical situation, using the imperfect subjunctive, or a real situation, using the indicative. Check the appropriate answer for each sentence.

	1	2	3	4	5	6
Ipotetico	____	____	____	____	____	____
Reale	____	____	____	____	____	____

Attività 8. Condizionale passato.   Answer the questions you hear, using the cue you are given.

COMPRENSIONE

Attività 9. Annuncio pubblicitario.   You will hear an employment ad from the classified section of a newspaper. Listen and supply the information requested in your lab manual.

1. Regione dov'è l'Istituto di Credito: _____

2. L'età del candidato: _____

3. Lingua straniera richiesta: _____

4. Anni di esperienza: _____

5. Lo mandano gli interessati: _____

LEZIONE 17   In cerca di un appartamento

Attività 1. Comprensione del dialogo.   Listen to the dialogue.

Attività 2. Vero o falso?   You are going to hear five statements based on the dialogue. For each one choose *vero* or *falso*.

	1	2	3	4	5
Vero	___	___	___	___	___
Falso	___	___	___	___	___

AMPLIAMENTO DEL VOCABOLARIO

Attività 3. La casa, i mobili e gli elettrodomestici.   You will hear descriptions of parts of a house, pieces of furniture, and appliances. Write the name of each place or item described.

1. _____
2. _____
3. _____
4. _____

5. _____
6. _____
7. _____
8. _____

Attività 4. Annunci pubblicitari.   You are going to hear four ads for furniture and appliances. As you listen, write the name of the room you would be able to furnish with the items being advertised.

1. _____
2. _____

3. _____
4. _____

STRUTTURA ED USO

Attività 5. Comparativo di uguaglianza.   You will hear two short statements. Respond with an appropriate comparative of equality.

Attività 6. Comparativo di maggioranza e di minoranza.   Again, you will hear two statements. Respond with the appropriate comparative of inequality.

Attività 7. Tempi progressivi. (a) You will hear several questions about what various people are doing. Answer the questions using the cues you hear. (b) Now say what the people you hear mentioned were doing.

Attività 8. Avverbi di tempo, luogo, modo e quantità. You will hear eight incomplete sentences, each followed by two alternative endings. Choose the correct ending by checking *a* or *b*.

1. a. _____ lento
    b. _____ attentamente

2. a. _____ qui
    b. _____ particolarmente

3. a. _____ adatto
    b. _____ sempre

4. a. _____ molto
    b. _____ vicino

5. a. _____ adesso
    b. _____ troppo

6. a. _____ felice
    b. _____ piano

7. a. _____ abbastanza
    b. _____ tristemente

8. a. _____ mai
    b. _____ già

COMPRENSIONE

Attività 9. Dettato. The passage you will hear next will be read three times. (a) First, just listen. (b) Now listen again, and supply the missing words.

_____ Piazza Garibaldi, _____

_____ dall'Ospedale Gemelli, _____

primo piano. _____ , _____ , _____

_____ , _____ , _____ , _____ .

Telefonare ore pasti _____ .

(c) Now listen once more, and check what you wrote.

Attività 10. La casa ideale. You are going to hear three people describe their dream houses. Listen and complete the information given in your lab manual. If necessary, stop the tape.

	Uomo	Donna A	Donna B
Tipo di casa	_____	_____	_____
Luogo	_____	_____	_____
Caratteristiche	_____	_____	_____
	_____	_____	_____

LEZIONE 18   Abiti sempre in città?

Attività 1. Comprensione del dialogo.   Listen to the dialogue.

Attività 2. Vero o falso?   You will hear five statements based on the dialogue. For each statement, choose *vero* or *falso*.

	1	2	3	4	5
Vero	___	___	___	___	___
Falso	___	___	___	___	___

AMPLIAMENTO DEL VOCABOLARIO

Attività 3. Un commento alla radio.   You will hear a radio commentary about traffic. As you listen, identify with a check mark the means of transportation you hear mentioned.

1. _____ nave

2. _____ automobile

3. _____ treno

4. _____ motocicletta

5. _____ autobus

6. _____ aereo

7. _____ tram

8. _____ tassì

9. _____ barca

10. _____ metropolitana

11. _____ autocarro

12. _____ elicottero

13. _____ bicicletta

Attività 4. Rispettare l'ambiente. You will hear some suggestions for respecting the environment. As you listen, indicate with a check mark whether each one is intended to protect the air, water, plants, or animals. Some will have more than one correct answer.

	1	2	3	4	5
Aria	___	___	___	___	___
Acqua	___	___	___	___	___
Piante	___	___	___	___	___
Animali	___	___	___	___	___

STRUTTURA ED USO

Attività 5. Il superlativo relativo degli aggettivi. You will hear a series of questions about Mario and his family. Each one will be followed by a cue. Answer each question using the superlative of the adjectives cued.

Attività 6. Il superlativo assoluto. Respond to the statements you will hear, using the absolute superlative.

Attività 7. Comparativi di *bene, male, poco* e *molto*. You will hear a series of statements about Valerio's activities. Say that you perform each activity better or worse, or more or less than he does. Use the appropriate adverb of comparison.

Attività 8. Verbi che richiedono una preposizione. You will hear eight sentences, each one followed by a cue. Restate the sentence, substituting the cued verb and the appropriate preposition if necessary.

COMPRENSIONE

Attività 9. Domande e risposte. You will hear a question and answer. Then you will hear the question again. During the pause, write the answer in your lab manual.

➤ *No, prendo la metropolitana.*

1. _____

2. _____

3. _____

4. _____

5. _____

Attività 10. Un gruppo di amici.   You will hear a description of four people. As you listen, identify which of them is the oldest, the youngest, the worst driver, and the best student.

	Stefano	Bruno	Mariella	Andrea
1. Il/la maggiore	____	____	____	____
2. Il/la minore	____	____	____	____
3. Un pessimo/una pessima automobilista	____	____	____	____
4. Un ottimo studente/un'ottima studentessa	____	____	____	____

LEZIONE 19   Una poesia per me?

Attività 1. Comprensione del dialogo.   Listen to the dialogue.

Attività 2. Chi la pensa così?   You will hear a series of opinions. Indicate with a check mark whether they characterize Luigi or Cristina.

	1	2	3	4	5
Luigi	____	____	____	____	____
Cristina	____	____	____	____	____

AMPLIAMENTO DEL VOCABOLARIO

Attività 3. Numeri ordinali.   You will hear ten sentences containing ordinal numbers. Write the corresponding cardinal number for each ordinal number you hear. Each sentence will be read twice.

➤   *tre* _____

1. _____   6. _____
2. _____   7. _____
3. _____   8. _____
4. _____   9. _____
5. _____   10. _____

Attività 4. L'anno, il decennio e il secolo.   You will hear a passage about Italian poetry. Before you listen, stop the tape and read the list of information to listen for. Then listen and write in the answers.

1. sinonimo di ventesimo secolo: _____

2. anno di nascita di Eugenio Montale: _____

3. anno di morte di Salvatore Quasimodo: _____

4. anno in cui Quasimodo ha ricevuto il premio Nobel: _____

5. anno in cui Montale ha ricevuto il premio Nobel: _____

Attività 5. Nomi composti. As you listen to a radio ad for a vendor at Porta Portese, identify with a check mark the items you hear mentioned.

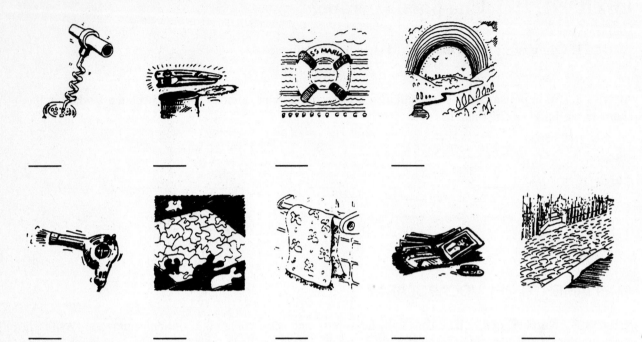

___   ___   ___   ___

___   ___   ___   ___   ___

STRUTTURA ED USO

Attività 6. Il passato remoto. You will hear eight sentences. Indicate with a check mark the sentences in which you hear the **passato remoto.**

	1	2	3	4	5	6	7	8
Passato remoto	___	___	___	___	___	___	___	___

Attività 7. Partitivo *di*. You are going to hear a series of sentences about Carlo's preferences. Each one is followed by a cue. Answer by describing your own preferences, using the cues. Use the partitive where appropriate.

Attività 8. Pronome *ne*. Use the pronoun *ne* and the cues to answer the questions you hear.

Attività 9. L'avverbio di luogo *ci*. Respond to the statements you will hear about various people's activities by saying that you do or did the same thing. Use the adverb *ci* and the cue.

Attività 10. Pronomi relativi *che* **e** *cui*.   You will hear ten sentences. Identify with a check mark each sentence that contains a relative pronoun. You will hear each sentence twice.

	1	2	3	4	5	6	7	8	9	10
Pronome relativo	___	___	___	___	___	___	___	___	___	___

COMPRENSIONE

Attività 11. Frasi incomplete.   You will hear the beginning of a sentence, which will be read twice. Write it next to the appropriate completion. (a) First, just listen.

(b) Listen again, and write each phrase next to the appropriate completion.

1. _____ nel 1997.

2. _____ all'inizio del novecento.

3. _____ il premio Nobel.

4. _____ una poesia.

5. _____ nel cortile.

6. _____ alla letteratura.

Attività 12. Parla il nonno.   Listen to a grandparent's childhood recollections. Then stop the tape and answer the questions in your lab manual about what he says.

1. Quando nacque il nonno? _____

2. Dove andò il padre del nonno nel 1925? _____

3. Cosa fece la famiglia quando il padre del nonno tornò a casa? _____

   _____

4. Cosa fecero il nonno e i suoi cugini nel bosco? _____

5. Che cosa successe dopo? _____

   _____

6. Chi andò a cercarli? _____

LEZIONE 20   Si vota!

Attività 1. Comprensione delle informazioni.   Listen to a description of an Italian election.

Attività 2. La risposta giusta.   You will hear five questions based on the descriptive passage. In your lab manual, indicate the correct answer with a check mark.

1. a. _____ Da un anno.

   b. _____ Da un mese.

2. a. _____ Perché il parlamento si è dimesso.

   b. _____ Per uscire da una crisi politica.

3. a. _____ Per tutti i politici.

   b. _____ Gli annunci pubblicitari.

4. a. _____ No. È sulle spine.

   b. _____ No. Sono affissi.

5. a. _____ I volantini.

   b. _____ Gli altoparlanti.

AMPLIAMENTO DEL VOCABOLARIO

Attività 3. C'è il re in Italia?   Listen to a dialogue between Gianni and a naive English tourist. Then stop the tape and match the items and definitions listed in your lab manual.

1. _____ il primo ministro

2. _____ l'Inghilterra

3. _____ repubblica federale

4. _____ repubblica parlamentare

5. _____ il gabinetto

6. _____ il presidente

7. _____ monarchia costituzionale

a. tipo di governo che ha l'Italia
b. tipo di governo che hanno gli Stati Uniti
c. tipo di governo che ha l'Inghilterra
d. governa negli Stati Uniti
e. governa in Italia
f. paese in cui c'è la regina
g. gruppo di ministri

Attività 4. Famiglie di parole.   (a) After each verb you hear, give the noun that derives from the verb. Use the appropriate definite article. (b) After each adverb you hear, write the adjective from which it is derived. Use the masculine singular form. You will hear each adverb twice.

➤   *studioso*

1. _____
2. _____
3. _____
4. _____
5. _____
6. _____
7. _____
8. _____

Attività 5. Nomi alterati.   (a) Add the suffix *-etto* or *-etta* to each of the words that follow. (b) Add the suffix *-ello* or *-ella* to the words that follow. (c) Add the suffix *-ino* or *-ina* to each of the words you hear. (d) Add the suffix *-one* to the words that follow. (e) Add the suffix *-accio* or *-accia* to the words you hear.

Attività 6. La casetta in campagna.   You will hear a dialogue between two friends. As you listen, write down the altered nouns and adjectives you hear. Then listen again and write down the original word on which each one is based.

Nomi alterati   Nomi originali

_____ / _____
_____ / _____
_____ / _____
_____ / _____
_____ / _____
_____ / _____
_____ / _____
_____ / _____
_____ / _____
_____ / _____

STRUTTURA ED USO

Attività 7. Costruzioni passive. (a) You will hear four sentences in the active voice. Rephrase each one in the passive voice.

➤ *Gli studenti organizzano una festa.*

1. Paolo legge le poesie.
2. Le ragazze invitano i ragazzi.
3. Marco guida la moto rossa.
4. La nonna prepara la cena.

(b) Now you will hear four sentences in the passive voice. Rephrase them in the active voice.

➤ *I libri sono venduti dagli studenti.*

1. Quel film è diretto da Moretti.
2. Questo romanzo è stato scritto da Calvino.
3. Il giornale è stato comprato da Sandra.
4. Il maglione è indossato da Michela.

Attività 8. Costruzioni passive. (a) Say that the things you hear mentioned are done here. (b) Now say that the things you hear mentioned are not done here.

Attività 9. Aggettivi e pronomi indefiniti. You will hear eight sentences containing indefinite adjectives or pronouns. Indicate with a check mark whether each sentence contains an adjective or a pronoun.

	1	2	3	4	5	6	7	8
Aggettivo	___	___	___	___	___	___	___	___
Pronome	___	___	___	___	___	___	___	___

Attività 10. La correlazione dei tempi con il congiuntivo. You will hear a question followed by two alternative answers, *a* and *b*. Choose the most logical answer. You will hear each set of question and answers twice.

	➤	1	2	3	4	5
a.	✔	___	___	___	___	___
b.	___	___	___	___	___	___

COMPRENSIONE

Attività 11. Messaggio radiofonico. Listen to the following radio message. As you listen, choose the correct answers to the questions in your lab manual.

1. Che cosa ha fatto il Primo Ministro?

   a. _____ Ha dato le dimissioni.

   b. _____ Ha risolto la crisi politica.

2. Al più presto si dovranno fare

   a. _____ le elezioni.

   b. _____ altre dimissioni.

3. Chi scelgono tutti i partiti?

   a. _____ i loro candidati

   b. _____ il Primo Ministro

Attività 12. Messaggi elettorali. You are going to hear two campaign messages. As you listen, complete the information requested in your lab manual.

1. a.   Data delle elezioni: _____

   b.   Nome del partito: _____

   c.   Nome del candidato: _____

   d.   Carica politica: _____

2. a.   Nome del candidato: _____

   b.   Impiego politico: _____

   c.   Nome del partito: _____

   d.   Data delle elezioni: _____

Video
Manual

Module 1

Vocabolario

Avanti!	*Come in!*
lavorare	*to work*
compito	*job*
nuovissimo/a	*brand new*
bellissimo/a	*very beautiful*
iniziamo	*we'll start*
prendiamo	*we'll take*
partiamo	*let's leave*
domani	*tomorrow*
andiamo	*we'll go*
stanco/a	*tired*
fa caldo	*it's hot*
due aranciate	*two orange drinks*
bicchieri di plastica	*plastic glasses*

Preparazione

A.   Parole analoghe. The words in italics are cognates, or words similar to English words. Give the English equivalent of each one, and don't be concerned with the words you don't know.

1.   . . . una guida turistica molto *originale* . . . _____

2.   . . . visitiamo Bologna, poi prendiamo la *direzione* di Firenze . . . _____

3.   Beh . . . mi sembra poco *pratico*. _____

4.   Ci vediamo alla *stazione* alle otto. _____

5.   Roma è al *centro*. _____

6.   Va bene, ma a una *condizione* . . . _____

7.   Roma la *capitale*, Roma città *eterna* . . . _____ , _____

8.   Piero, sei davvero un bravo *fotografo*! _____

B. **La risposta logica.** Match a response from the right-hand column to a phrase or question in the left-hand column. Write the letter of the response in the space provided.

1. _____ Mi chiamo Gabriella Borelli.

2. _____ Quando partiamo?

3. _____ Ciao! A domani!

4. _____ Hai sete?

5. _____ Sono stanco!

6. _____ Quanto costano le aranciate?

7. _____ Sei molto bravo!

8. _____ Andiamo in treno?

a. Ciao! Ci vediamo.
b. No, non c'è tempo. Andiamo in aereo.
c. Piacere. Io mi chiamo Piero Corsetti.
d. Domani alle otto.
e. Grazie!
f. Sì! Prendiamo un'aranciata.
g. Seimila lire, signorina.
h. Anch'io! Facciamo una pausa!

Comprensione

C. **Itinerario italiano.** Watch the first part of the video in which Gabriella and Piero plan their itinerary. As you watch, circle the Italian cities mentioned.

Verona	Siena	Napoli
Bologna	Parma	Firenze
Genova	Venezia	Cagliari
Palermo	Milano	Perugia
Roma	Pisa	Torino

D. **Chi parla?** Watch the entire video segment and indicate which character says each line by circling *P* for *Piero* and *G* for *Gabriella*.

1. P   G   Lei è il signor Corsetti.

2. P   G   Poi proseguiamo per Genova, poi Venezia . . .

3. P   G   Noi siamo qui, a Torino.

4. P   G   Ci vediamo alla stazione alle otto.

5. P   G   Roma è al centro d'Italia.

6. P   G   Diamoci del tu!

7. P   G   Roma, città eterna!

8. P   G   Facciamo una pausa!

E.   Vero o falso? Now watch the video again and indicate whether the following statements are true **(vero)** or false **(falso)** by placing a check mark in the appropriate column.

	Vero	Falso
1. A Roma, Piero legge il giornale.	_____	_____
2. A Roma fa molto freddo.	_____	_____
3. Ci sono tanti turisti a Roma.	_____	_____
4. Piero e Gabriella hanno fame.	_____	_____
5. Gabriella compra due aranciate.	_____	_____
6. Le aranciate costano ottomila lire.	_____	_____
7. Piero è un bravo fotografo.	_____	_____

F.   Alcune domande. Answer the following questions in Italian.

1.   Come si chiamano i due giovani protagonisti?

Si chiamano _____.

2.   Che cosa preparano insieme?

Preparano _____.

3.   In quale città sono all'inizio *(beginning)* del video?

Sono a _____.

4.   Qual è la prima *(first)* città che visitano?

La prima città che visitano è _____.

5.   Come vanno a Roma, in aereo o in treno?

Vanno a Roma _____.

6.   Quando partono per Roma?

Partono per Roma _____.

7.   Che cosa compra Gabriella al piccolo bar vicino al Colosseo?

Compra _____.

8.   Cosa dice Gabriella quando vede le fotografie di Piero?

Dice che Piero _____.

Espansione

G. Piacere! You are meeting a colleague with whom you will be working on a project. Fill in your answers to your colleague's questions and remarks.

— Buongiorno!

— _____

— Mi chiamo Massimo Corigliano. E lei?

— _____

— Molto piacere. Di dov'è lei?

— _____

— Io invece sono torinese. Allora noi lavoriamo insieme su questa guida culturale d'Italia. Quale città visitiamo prima?

— _____

— Buona idea? Andiamo in aereo?

— _____

— D'accordo. Allora cominciamo domani. Arrivederci!

— _____

H. Un messaggio telefonico. Gabriella has called a friend who lives in Rome and left a message on the friend's answering machine. She says hello, tells her friend that she is in Rome working on a tourist guidebook and that she is staying at the Hotel Babbuino. She says that she is leaving for Bologna tomorrow. She also mentions something to her friend about the photographer she is working with. Create Gabriella's message, adding any other details you like.

— Ciao, Alessandra! Sono _____

— _____

— _____

— _____

— _____

— _____   _____

Module 2

Vocabolario

a volte	*sometimes*
cucina emiliana	*cooking of the Emilia region*
diversa dal solito	*out of the ordinary*
essere iscritto/a	*to be registered*
fermo	*stopped*
la vera bolognese	*the real Bologna native*
orario continuato	*continuous schedule (with no break)*
persi	*lost*
prima di pranzo	*before lunch*
quando vuoi	*when you want*
scriviamo	*we are writing*
simpatico/a	*nice*
so tutto	*I know everything*
trattoria	*family restaurant*

A. La città degli studenti. Circle the things in the list you would expect to see while visiting an Italian university.

ospedali	automobili	biciclette
librerie	castelli	studenti
facoltà	giardini	chiese
biblioteche	zaini	gondole
ville	orologi	professoresse

B. La risposta logica. Indicate the phrase that is a logical response to the question or statement.

1. Che ore sono?
   a. Domani mattina.
   b. Ci sono due.
   c. Le undici e un quarto.

2. C'è una libreria qui vicino?
   a. Mezzogiorno in punto.
   b. Sì, in fondo alla strada.
   c. Sì, ho fame.

3. Siete studenti all'università, vero?
   a. Sì, ci sono molti studenti.
   b. No, siamo di Bologna.
   c. Sì, studiamo giurisprudenza.

4. Siete di Bologna?
   a. No, la vera bolognese sono io.
   b. Sì, c'è una trattoria qui vicino.
   c. No, siamo di Pescara.

5. Le piace la cucina italiana?
   a. Sì, specialmente i tortellini.
   b. No, sono le dieci meno un quarto.
   c. Sì, andiamo in libreria.

Comprensione

C. Che ore sono? Circle the times that are mentioned in the first scene of the video.

mezzanotte	le undici e mezzo
le undici e un quarto	le dieci e un quarto
mezzogiorno	mezzogiorno e dieci
l'una e mezzo	mezzogiorno in punto

D. Quale studente? Write the initial of the student (Francesca, Angelo, or Luca) that each of the following sentences refers to. (Francesca = F, Angelo = A, Luca = L.)

1. _____ Conosce una libreria che fa orario continuato.

2. _____ È iscritto a giurisprudenza.

3. _____ Studia giurisprudenza con Luca.

4. _____ Studia scienze politiche.

5. _____ È la vera bolognese.

6. _____ È di Pescara.

7. _____ Suggerisce una buona trattoria a Piero e Gabriella.

8. _____ Non parla con Piero e Gabriella.

E. L'ordine giusto. Put the following sentences in the correct chronological order according to the video.

_____ Gabriella e Piero fanno una pausa in una piazza.

_____ L'orologio di Gabriella è fermo.

_____ Piero dice che Gabriella è simpatica . . . a volte.

_____ Piero domanda agli studenti dove c'è una trattoria.

_____ Piero e Gabriella guardano le famose torri (towers) di Bologna.

_____ Piero e Gabriella guardano nelle vetrine delle librerie.

_____ Piero e Gabriella incontrano un gruppo di studenti.

_____ Francesca dice di andare al ristorante da Mirella.

F. Alcune domande. Answer the following questions in Italian.

1. In quale città sono Piero e Gabriella?

   _____

2. Che ore sono?

   _____

3. Che cosa cercano *(look for)* Gabriella e Piero?

   _____

4. Come si chiamano i tre studenti che Piero e Gabriella incontrano?

   _____

5. Che cosa studiano?

   _____

6. Che cosa piace di più di Bologna a Piero?

   _____

Espansione

G. In una nuova città. You are in a new city and need some information. You meet a university student about your age and you ask him/her what time it is, where the library is, if there is a bookstore nearby, and if he/she can recommend a good restaurant. Write your questions that your new friend answers.

— _____ ?

— Sono le due meno un quarto.

— _____ ?

— La biblioteca è qui vicino, dopo la fontana.

— _____ ?

— Sì, c'è una libreria in fondo alla strada, ma non è aperta.

— _____ ?

— Sì, se desideri mangiare bene, vai al ristorante "Il cucchiaione." È in centro. Andiamo insieme?

H. Presentare gli amici. Patrizia, an Italian friend of yours, has come to visit you at your campus. You are showing her around when you run into two of your friends from your Italian class. Introduce your classmates to Patrizia. Tell her their names, where they are from, and what they study.

1. Patrizia, ti presento il mio amico/la mia amica _____

_____

_____

2. E questo/a è _____

_____

_____

Module 3

Vocabolario

dobbiamo	*we have to*
fare commissioni	*to do errands*
fare un bel bagno	*to go for a nice swim*
fermarsi	*to stop*
fidanzato	*boyfriend/fiancé*
i francobolli	*stamps*
il costume	*bathing suit*
la posta	*post office*
mi piacerebbe	*I'd like*
Quando vieni a trovarci?	*When are you coming to visit?*
scendere	*to go downstairs*
uscire	*to go out*

Preparazione

A. La parola contraria. In the spaces provided, write the words from the list that have the opposite meaning from the words in italics.

costume	vendere	brutto	parte
malissimo	entrare	giocare	freddissimo

1. _____ Lo zio *torna* alle sette.

2. _____ Come stai, zia. Io sto *benissimo*!

3. _____ Io e Piero dobbiamo *lavorare*.

4. _____ In Sicilia fa *caldissimo*.

5. _____ Discutiamo i libri domani. Ora devo *uscire*.

6. _____ Vado a *comprare* dei francobolli in tabaccheria.

7. _____ Però anche qui a Torino fa *bello*.

B. Alla zia o a Piero? In this segment Gabriella speaks on the phone to her aunt in Sicily, and then has a conversation with Piero in her apartment. To whom do you think the following sentences are spoken?

		Alla zia	A Piero
1.	Pronto, Amalia? Come stai?	_____	_____
2.	Scendiamo insieme?	_____	_____
3.	Anche qui fa molto caldo!	_____	_____
4.	Arriviamo a Palermo giovedì.	_____	_____
5.	Tu pensi sempre di essere in vacanza.	_____	_____
6.	Puoi prendere questi libri?	_____	_____
7.	Lo zio dove sta? Al lavoro?	_____	_____
8.	Come stanno le mie cugine?	_____	_____
9.	No, grazie. Non posso prendere il caffè con te.	_____	_____

C. Fare le commissioni. Complete the description with words from the list.

bar	incontra	libreria	posta
prendere	scendono	tabaccheria	telefono

Piero e Gabriella partono domani per la Sicilia. Piero _____ Gabriella alla sua

casa e i due _____ insieme. Gabriella deve comprare alcuni francobolli alla

_____ . Piero invece ha bisogno di sigarette: le compra alla _____ .

Poi passano in una _____ per comprare dei libri sulla Sicilia. Alla fine si fermano in

un _____ per _____ un caffè.

Comprensione

D. Come risponde? Watch the first part of the video, in which Gabriella calls her aunt in Sicily. Write the letter that corresponds to Gabriella's answers to her aunt's questions and statements.

1. _____ O cara, sei tu! Come stai?

2. _____ Quando vieni a trovarci?

3. _____ Andiamo al matrimonio di tuo cugino!

4. _____ Piero è il tuo fidanzato?

5. _____ Che tempo fa?

6. _____ Non puoi rimanere fino a domenica?

7. _____ Telefona quando arriva, eh?

a. È solo un collega di lavoro.
b. Sicuro!
c. Fa caldo anche qui in città.
d. Benone!
e. Mi dispiace, non posso.
f. Arriviamo giovedì.
g. Mi piacerebbe tanto!

E. Chi lo dice? In the second part of the segment, Piero and Gabriella are speaking. Indicate who says which lines by circling *P* for *Piero* and *G* for *Gabriella*.

1. P   G   Permesso?

2. P   G   Puoi prendere questi.

3. P   G   Vado a comprare dei francobolli.

4. P   G   Ho finito le mie sigarette.

5. P   G   Io non fumo.

6. P   G   Lo sai che fa caldo in Sicilia?

7. P   G   Tu pensi sempre di essere in vacanza.

8. P   G   Ti posso offrire un caffè?

9. P   G   Non ho niente in frigo.

F. **Vero o falso?** Indicate whether the following statements are true (**vero**) or false (**falso**) by placing a check mark in the appropriate column.

	Vero	Falso
1. Piero e Gabriella arrivano sabato a Palermo.	_____	_____
2. Vanno in Sicilia in aereo.	_____	_____
3. Piero è il fidanzato di Gabriella.	_____	_____
4. Gabriella va in Sicilia per il matrimonio di sua cugina.	_____	_____
5. In Sicilia fa freddissimo.	_____	_____
6. Piero arriva e desidera vedere i libri sulla Sicilia.	_____	_____
7. Gabriella va a comprare francobolli alla tabaccheria.	_____	_____
8. Gabriella fuma.	_____	_____
9. Piero invita Gabriella a prendere un caffè.	_____	_____
10. Gabriella accetta l'invito di Piero.	_____	_____

Espansione

G. **Pronto! Facciamo due passi?** A friend of yours calls you up to invite you out for a short study break. Fill in your responses.

— _____ ?

— Ciao, _____ ! Sono Stefano. Come stai?

— _____

— Senti, cosa fai di bello oggi?

— _____

— Ah, hai gli esami?

— _____

— Ho capito. Senti, hai voglia di fare due passi?

— _____

— Dove desideri andare?

— _____

— Benissimo! E poi magari andiamo ad un caffè li vicino per mangiare o bere qualcosa. A che ora passo a prenderti?

— _____

— Perfetto! Ci vediamo fra mezz'ora allora. Ciao!

— _____

H. La posta elettronica. Write a short E-mail to your cousin Alberto, who lives in Messina. Tell him that you and your sister are arriving in Sicily on Friday afternoon and that you are coming to his wedding. Tell him that you are staying at the Hotel Splendido. Ask him where and at what time the wedding is. Ask him about his fiancée: her name and where she is from.

_____

_____

_____

_____

_____

_____

Module 4

Vocabolario

carciofini	*little artichokes*
compresse masticabili	*chewable pills*
crostata	*pie*
il digestivo	*a digestive aid*
insalata russa	*potato salad*
me ne dia due chili	*give me two kilos of them*
olive	*olives*
ottima caciotta	*excellent local cheese*
pane	*bread*
panetteria	*bread store*
pesche	*peaches*
prosciutto cotto/crudo	*cooked/cured ham*
Quanto vengono?	*How much do they cost?*
un etto	*hectogram: 100 grams*

Preparazione

A. Che cos'è? Indicate whether each word is a number (**numero**), something to eat (**cibo**), or a medicine.

1. _____ formaggio

2. _____ cinque

3. _____ tremilaquattrocento

4. _____ aspirina

5. _____ panino

6. _____ digestivo

7. _____ olive

8. _____ undicimiladuecento

B. Formale o informale? Indicate whether the following sentences are from formal or informal conversations.

		Formale	Informale
1.	Arrivederla, buongiorno.	____	____
2.	Che cosa le posso dare, signora?	____	____
3.	Pensi di finire tutto?	____	____
4.	Buongiorno a lei. Mi dica.	____	____
5.	Fai vedere che cosa hai nel sacchetto.	____	____
6.	Ha un digestivo da prendere senz'acqua?	____	____
7.	Devi finire quello che hai comprato.	____	____

C. Aggettivi gastronomici. In this video segment, Piero and Gabriella buy several food items. Write the plural of the following food expressions.

1. pesca speciale: _____

2. panino buono: _____

3. formaggio italiano: _____

4. ottima caciotta: _____

5. salame crudo: _____

6. prosciutto cotto: _____

7. oliva buona: _____

8. insalata russa: _____

9. aspirina normale: _____

10. compressa masticabile: _____

Comprensione

D. Che cosa comprano? Circle the items that Gabriella and Piero buy.

acqua minerale	aranciata	aspirina
caciotta	olive	pasta fresca
patate	pesche	prosciutto cotto
salame crudo	un digestivo	vino

E. Chi è? Indicate if each sentence refers to Piero or Gabriella by circling *P* for **Piero** and *G* for **Gabriella**.

1. P   G   Compra due chili di pesche.

2. P   G   Ha fame!

3. P   G   Va a cercare una panetteria.

4. P   G   Vuole la caciotta tagliata a fette.

5. P   G   Ha nel sacchetto carciofini sott'olio, insalata russa . . .

6. P   G   Non ha più soldi.

7. P   G   Compra due cose nella farmacia.

8. P   G   Paga 11.200.

F. Alcune domande. Answer the questions in Italian with full sentences.

1. Quante pesche compra Gabriella? Quanto paga?

   _____

2. Quali tipi di formaggio compra Piero?

   _____

3. Che altro ha comprato Piero?

   _____

4. Che cosa compra Gabriella per Piero?

   _____

5. Quanto paga Gabriella alla farmacia?

   _____

Espansione

G. Al mercato. You are at a local market, buying some items for a picnic. Write two short dialogues in which you speak to two separate vendors *(venditori)*, one who sells fruit and one who sells cheese and cured meats. Be sure to use polite forms.

1. _____

_____

_____

_____

_____

_____

_____

2. _____

_____

_____

_____

_____

_____

_____

H. Piero e Gabriella. Write two short paragraphs describing Piero and Gabriella. Write about their physical characteristics as well as their personalities. You might also want to talk about some of the things they do.

1. _____

_____

_____

_____

2. _____

_____

_____

Module 5

Vocabolario

aglio	*garlic*
apprezzare	*appreciate*
basilico	*basil*
buongustaio	*gourmet*
ci venivo	*I used to come here*
laggiù	*down there*
leggero	*light*
ligure	*of the Liguria region*
orata	*a Mediterranean fish*
ottima scelta	*excellent choice*
ricetta	*recipe*
trofie al pesto	*Ligurian pasta with basil sauce*
villeggiatura	*resort area*

Preparazione

A. Parole analoghe. Circle words that are cognates and write their English equivalents in the spaces provided.

1. Che splendido panorama! _____

2. . . . una celebre località di villeggiatura, tipicamente ligure. _____

3. . . . un paesino molto suggestivo e famoso. _____

4. . . . apprezzare la cucina locale . . . _____

5. . . . le caratteristiche storiche e geografiche di ogni regione. _____

6. È ideale per la coltivazione dell'ulivo. _____

7. . . . il pesto fatto dalla ricetta segreta. _____

B. Descrizioni. Decide if the following phrases describe a wine (**un vino**), a town (**un paese**), a person (**una persona**), a restaurant, or a dish (**un piatto**).

1. _____ C'è uno splendido panorama. C'è una tavola libera vicino alla finestra. I camerieri sono molto gentili ed i clienti sono tutti buongustai *(gourmets)*!

2. _____ È molto piccolo e suggestivo sulla costa della Liguria. È una celebre località, tipicamente ligure. Ci sono molti buoni ristoranti e spiagge.

3. _____ Questo bianco è molto leggero e fresco. Va molto bene con il pesce. Beviamo un bicchiere?

4. _____ Sa molte cose della Liguria perché ogni estate passa l'estate a Portofino. È anche molto bravo in cucina.

5. _____ Questa è una ricetta speciale, fatta con le olive nere e i pomodori. È molto saporito. Te lo consiglio!

C. La risposta giusta. Indicate the logical response by circling the appropriate letter.

1. Perché sai tanto della Liguria?
   a. Perché abito a Roma.
   b. Perché la mia famiglia è di Genova.
   c. Perché c'è una ricetta segreta.

2. Cosa desideri mangiare?
   a. Prendo un'aranciata.
   b. Non ho ancora deciso.
   c. Ti consiglio il vino bianco.

3. Tu sei un vero buongustaio!
   a. È vero, mi piace mangiare.
   b. Infatti, sono molto bello.
   c. Sì, mi piace il mare.

4. Ma tu sai preparare gli spaghetti?
   a. Sì, è facilissimo!
   b. Sì, sono in anticipo.
   c. Sì, è un ingrediente base.

5. Hai mangiato bene?
   a. Sì, mi piace questo ristorante.
   b. Sì, ho fame.
   c. No, è tardi.

Comprensione

D. Un buon pesto ligure. Circle the items that are ingredients of Piero's pesto recipe.

aglio *(garlic)*	basilico	cioccolato
olio d'oliva	parmigiano	pesche
pinoli *(pine nuts)*	prosciutto cotto	vino bianco

E. Vero o falso? Indicate whether the following statements are true or false by placing a check mark in the appropriate column.

	Vero	Falso
1. Gabriella vede un paese lungo la costa.	____	____
2. Da bambino, Piero veniva in Liguria con la famiglia.	____	____
3. Piero prende gli spaghetti al tonno.	____	____
4. Ordinano vino bianco.	____	____
5. Piero è un vero buongustaio.	____	____
6. In Liguria fa troppo freddo per coltivare le olive.	____	____
7. Piero è molto bravo in cucina.	____	____
8. Domani partono per Milano.	____	____

Espansione

F. In un ristorante. Determine the correct order of the following sentences by numbering them sequentially in the spaces provided.

_____ Bene. Torno subito.

_____ Buonasera, signora.

_____ Che cosa desidera per il primo piatto?

_____ Come sono le trofie al pesto?

_____ E da bere, signora?

_____ E per il secondo piatto le consiglio l'orata al forno con le olive.

_____ È una specialità della casa, una ricetta segreta.

_____ Buonasera.

_____ Va bene. Mi piace il pesce.

_____ Vino bianco.

_____ Va bene, prendo le trofie.

G. Com'è andata la cena? Gabriella calls a friend of hers to describe the wonderful dinner that she had while touring Liguria with Piero. Write what Gabriella tells her friend, using the **passato prossimo.** Tell what they ate, if it was good, what the restaurant is like, and what they talked about.

_____

_____

_____

_____

_____

_____

_____

Module 6

Vocabolario

al calar del sole	*at sunset*
c'era un'afa	*it was muggy*
fare un giro	*to take a short ride*
luci	*lights*
meglio	*better*
morto/a	*dead*
muoversi	*to move*
non ce la fai più	*you can't take it anymore*
ponte	*bridge*
rullino	*roll (of film)*
scherzavo	*I was joking*
se ci sbrighiamo	*if we hurry*
sogni	*dreams*
stanco/a	*tired*

Preparazione

A. Cose che si vedono a Venezia. Circle the things in the list you would expect to see while visiting Venice.

chiese	automobili	biciclette
traffico	canali	gondolieri
turisti	piccioni	ristoranti
ponti	barche *(boats)*	gondole
stadi	monumenti	campi da golf

B. Definizioni. Match words from the list with the definitions below.

afa	gondoliere	itinerario	meglio
morto	muoversi	stamattina	stanco

1. _____ : un caldo umido e insopportabile.

2. _____ : senza energia; ha bisogno di dormire.

3. _____ : il programma di un viaggio o di una gita.

4. _____ : il contrario di vivo; chi non vive più.

5. _____ : andare via da un determinato posto.

6. _____ : la prima parte di oggi.

7. _____ : l'uomo che fa muovere la barca veneziana.

Comprensione

C. Chi parla? Indicate whether Gabriella or Piero speaks each of the following lines by writing *P* for *Piero* or *G* for *Gabriella* in front of it.

1. _____ Abbiamo lavorato tanto, sai?

2. _____ Non ce la fai più, eh?

3. _____ Mi sento già meglio.

4. _____ Fammi vedere l'itinerario.

5. _____ Ma io sono già morto.

6. _____ Avrai programmato qualche cosa di bello.

7. _____ Sono senza parole!

D. Il programma di Piero. Mark the activities that Piero is planning for the weekend by placing a check mark in the spaces provided.

_____ scalare una montagna

_____ non muoversi dal posto stupendo

_____ andare in discoteca

_____ fare un giro in gondola

_____ ascoltare canzoni di amore

_____ cercare un bel ristorantino

_____ lavorare

_____ fare una passeggiatina

_____ ammirare le luci della laguna

_____ preparare una cena per gli amici

_____ ascoltare un concerto di musica rock

E. L'ordine giusto. Indicate the chronological order of the following sentences according to the video by numbering them sequentially in the spaces provided.

_____ Gabriella e Piero sono su un ponte e guardano le gondole.

_____ Gabriella e Piero parlano del tempo che faceva stamattina.

_____ Gabriella e Piero si fermano in un bar.

_____ Gabriella si arrabbia con Piero.

_____ Piero cambia il rullino della macchina fotografica.

_____ Gabriella dice che devono lavorare ancora tre ore.

_____ Gabriella ordina un succo di frutta.

_____ Piero dice che Gabriella non è la donna dei suoi sogni.

F. Alcune domande. Answer the following questions in Italian.

1. Com'era il tempo stamattina? (nel video)

_____

2. Che cosa prendono Gabriella e Piero al bar?

_____

3. Perché Piero è così stanco?

_____

4. Piero torna a casa per la fine settimana?

_____

5. Quali sono i progetti di Piero per il week-end?

_____

6. Come risponde Gabriella quando Piero la invita a passare la fine settimana con lui?

_____

Espansione

G. Facciamo qualcosa! You would like to do a number of things this weekend but your roommate is feeling lazy and answers each proposal with an excuse. Create a short dialogue in which you suggest four activities for the weekend.

— _____ !

— _____

— _____ !

— _____

— _____ !

— _____

— _____ !

— _____

H. Che romantica Venezia! Imagine that you have just spent a romantic evening in Venice. Describe (using the **passato prossimo**) what you did in a brief paragraph.

_____

_____

_____

_____

_____

_____

_____

Module 7

Vocabolario

fare acquisti	*to shop for clothes*
sciarpa	*scarf*
orecchini	*earrings*
reparto	*department*
sorprendente	*surprising*
abito da sera	*evening gown*
abbinato	*matched*
fare un figurone	*to make a great impression*
scollato	*low-cut*
pazzesco	*ridiculous, crazy*
pacchetto	*small package*

Preparazione

A. Chi lo compra? Gabriella e Piero fanno acquisti a Milano. Chi probabilmente ha comprato ogni articolo di abbigliamento? Scriva *G* per *Gabriella* e *P* per *Piero* difronte a ogni articolo.

_____ un abito da sera nero   _____ una cravatta

_____ una sciarpa di seta   _____ scarpette da ginnastica

_____ orecchini   _____ una gonna di lana

_____ un vestito a tre pezzi   _____ un costume da bagno a due pezzi

B. Nel negozio di abbigliamento. Scriva un *X* vicino alle frasi che si possono sentire in un negozio di abbigliamento.

1. _____ Lei desidera provare la camicia?

2. _____ Quanto costano i biglietti?

3. _____ La taglia è perfetta. Le sta molto bene.

4. _____ Vado a vedere gli accessori nel reparto uomo.

5. _____ Desiderano ordinare, signori?

6. _____ Queste mi piacciono. Le ha anche in bianco?

7. _____ Allora prendo l'impermeabile e anche questa sciarpa.

8. _____ Un chilo di melanzane e qualche cipolla, per favore.

9. _____ Posso pagare con la carta di credito?

C. **Le piace la moda italiana?** Risponda alle seguenti domande.

1. Conosce qualche stilista italiano? Chi?

   _____

2. Quali sono alcuni aggettivi che possono descrivere la moda italiana, secondo lei.

   _____

3. Lei ha qualche articolo abbigliamento Made in Italy? Lo descriva.

   _____

4. Che cosa si mette quando vuole fare figura ad una festa?

   _____

   _____

Comprensione

D. **Articoli di abbigliamento.** Faccia una lista di tutti gli articoli di abbigliamento menzionati quando Piero e Gabriella sono nel negozio.

   _____

   _____

   _____

   _____

E. **Vero o falso?** Indichi se le seguenti frasi sono vere o false.

		Vero	Falso
1.	Milano è la capitale delle automobili.	____	____
2.	Gabriella ha una festa importante questa fine settimana.	____	____
3.	Gabriella prova un vestito viola nel negozio.	____	____
4.	A Piero il vestito sembra troppo scollato.	____	____
5.	Gabriella prende il vestito e anche una sciarpa.	____	____
6.	Una cravatta nel negozio costava 180.000 lire.	____	____
7.	Piero compra delle scarpe per Gabriella.	____	____

F. Che cosa è successo? Finisca le frasi con informazioni dal video.

1. Gabriella e Piero sono a Milano per _____.

2. Guardano le vetrine di alcuni stilisti italiani famosi come _____.

3. Gabriella cerca un abito da sera perché _____.

4. Nel negozio Gabriella prova _____.

5. Gabriella compra _____.

6. Piero ha comprato _____.

7. Gabriella è molto sorpresa quando _____.

Espansione

G. Ma ti sta proprio male! Lei è andato/a a fare acquisti con un suo amico/una sua amica che prova vestiti che gli stanno molto male, e poi chiede il suo consiglio. Finisca la conversazione con risposte logiche alle battute del suo amico/della sua amica.

— Allora, come sto con questa giacca?

— _____

— Ma, perché non ti piace?

— _____

— E i pantaloni almeno ti piacciono?

— _____

— Mi piace tanto questa cravatta. Secondo te, va bene con la camicia?

— _____

— Allora, cosa devo provare invece?

— _____

— Ma io ho un appuntamento importante e voglio fare figura. Voglio qualcosa di più elegante.

— _____

— Buona idea!

H. Cosa indossano? Immagini quello che Gabriella e Piero indossano nelle seguenti occasioni. Descrivete l'abbigliamento, i colori e i tessuti.

1. Gabriella quando va ad una festa elegante indossa

   _____

   _____ .

2. Piero quando va al mare ad agosto

   _____

   _____ .

3. Fa molto caldo e Gabriella visita i monumenti di Roma. Lei porta

   _____

   _____ .

4. Piero è a Milano per fare acquisti nei negozi eleganti di via Montenapoleone. Indossa

   _____

   _____ .

Module 8

Vocabolario

telefonino	*cellular phone*
orario fisso	*fixed hours*
prendersela	*get angry*
affari	*business*
traghetto	*ferry*
sciopero	*strike*
vivace	*lively*
carriera	*career*
simpaticone	*nice guy*
banale	*boring*
per dimostrartelo	*to show you*

Preparazione

A.   Espressioni utili. Abbini le espressioni nella lista a sinistra con le parafrasi a destra.

1. _____ Non voglio orari fissi.

2. _____ Non ne posso più!

3. _____ Non te la prendere!

4. _____ Che fine hai fatto?

5. _____ Non sei cambiata affatto.

6. _____ Non ci posso credere!

    a.   Che cosa ti è successo?
    b.   Non essere arrabbiato!
    c.   Sono stanca di queste cose!
    d.   Non mi piace lavorare sempre alla stessa ora.
    e.   È impossibile!
    f.   Sei la stessa persona di sempre.

B.   Amici del cuore. Scriva un *X* vicino alle frasi che una persona direbbe *(would say)* ad un vecchio amico che non vede da molto tempo, e un *Y* vicino alle frasi che direbbe ad un buon amico che vede ogni giorno.

1. _____ Andiamo a fare un giro in centro?

2. _____ Che cosa studi all'università?

3. _____ Che cosa vuoi fare stasera?

4. _____ Che fine hai fatto?

5. _____ Come stai oggi?

6. _____ Dove lavori?

7. _____ Non ti vedo da tanto tempo!

8. _____ Quando partiamo per le vacanze?

9. _____ Sei sposata?

C. **Pronomi complemento.** Riscriva ogni frase, sostituendo un pronome per le parole in corsivo.

1. Parla di affari *al suo amico.*

   _____

2. Allora è per questo che hai scelto *questa carriera.*

   _____

3. Non voglio prendere *il traghetto.*

   _____

4. È un vero piacere rivedere *la mia vecchia amica.*

   _____

5. Telefona *al tuo capoufficio!*

   _____

6. Lui scriveva poesie *a tutte le ragazze.*

   _____

7. Racconto la storia della mia vita *a te.*

   _____

Comprensione

D. **Chi lo dice?** Indichi chi dice le seguenti frasi: Piero (P), Gabriella (G) o Flavio (F).

1. _____ Per me è importante non avere orari fissi.

2. _____ Non ne posso più di Torino!

3. _____ Io sono proprio di Torino e . . .

4. _____ Speriamo che non ci sia sciopero degli aerei.

5. _____ Che piacere rivederti!

6. _____ Tu invece non sei cambiata affatto!

7. _____ Non ci posso credere.

8. _____ Credo che tu sia un vero amico.

E. Vita torinese. Metta un cerchio intorno alle cose che Gabriella e Piero vedono nel loro giro di Torino.

rovine romane	un ospedale
un bar	un telefonino
ombrelli	gondole
una torre	persone che camminano
negozi	un mercato all'aperto
un amico di Gabriella	un fiume
un bel parco	una grande piazza
grandi palazzi	un vulcano

F. Alcune domande. Risponda alle domande con frasi complete.

1. Dove vanno Gabriella e Piero la prossima settimana?

_____

2. Quale città preferisce Gabriella, Milano o Torino? Perché?

_____

3. Com'è che Gabriella conosce Flavio?

_____

4. Flavio è cambiato molto dagli anni del liceo? Come?

_____

5. Perché Flavio deve scappare? Dove deve andare?

_____

6. Come sembra Flavio a Gabriella?

_____

Espansione

G. **Una passeggiata sotto la pioggia.** Alla fine della giornata, Gabriella scrive sul suo diario tutte le cose che lei e Piero hanno fatto durante il giorno. Finga di essere Gabriella e scriva almeno sei frasi descrivendo il giro che lei e Piero fanno di Torino e usando tempi passati.

_____

_____

_____

_____

_____

_____

H. **Oh! Ma tu sei . . . !** In città incontri un amico/un'amica che non vedi da dieci anni. Scriva un dialogo di almeno dodici frasi in cui gli/le chiede dove abita adesso, che tipo di lavoro fa, se è sposato/a.

— _____

— _____

— _____

— _____

— _____

— _____

— _____

— _____

— _____

— _____

— _____

— _____

Module 9

Vocabolario

accettazione	*airport check-in*
bagaglio	*luggage*
carta d'imbarco	*boarding pass*
finestrino	*window*
orizzonte	*horizon*
paparazzo	*tabloid photographer*
posto corridoio	*aisle seat*
prenotare	*to reserve*
scattare	*to take pictures*
uscita	*airport gate*
volo	*flight*

Preparazione

A. All'aeroporto. Metta un cerchio intorno alle cose che si possono vedere all'aeroporto.

aeroplani	assistenti di volo
bagaglio a mano	barche a vela
carte d'imbarco	cavalli
monumenti	piccoli villaggi
sfilate di moda	uscita numero 6
viaggiatori	danze folcloristiche

B. Completare le frasi. Indichi la parola che completa ogni frase.

1. Due biglietti per Cagliari, per favore, andata e (posti / ritorno / contante).

2. L'aeroplano è quasi pieno. Non ci sono più posti (corridoio / francesi / progetti).

3. Voglio sedermi (vicino / uguale / tardi) a te, cara.

4. Che caldo oggi! Non vedo l'ora di essere al mare e fare un bel (corridoio / bagno / rullino)!

5. Adesso vado in camera e faccio una (vacanza / accettazione / doccia).

6. Perché facevi le foto a quelle ragazze? Sembravi un (cameriere / paparazzo / finestrino)!

C. Una vacanza immaginaria. Immagini che va in vacanza con un gruppo di amici in Italia. Che cosa farebbe? Come arrivereste voi? Dove stareste? Quali città visitereste? Come vi divertireste?

_____

_____

_____

_____

_____

_____

Comprensione

D. L'ordine giusto. Trovi l'ordine cronologico delle seguenti azioni nella prima parte del video.

_____ Comprano i biglietti per il volo.

_____ Gabriella paga con il Bancomat.

_____ L'assistente di volo domanda se hanno bagaglio.

_____ Piero e Gabriella arrivano all'aeroporto.

_____ Tutti e due vogliono il posto corridoio.

_____ Vanno all'accettazione.

_____ Vanno all'uscita.

_____ Lo steward gli dà i biglietti e la ricevuta.

E. Viaggiando viaggiando. Metta un cerchio intorno a tutte le cose menzionate da Piero e Gabriella nella seconda parte del video.

andare a cavallo	barca a vela	il traghetto
l'isola	la cena	l'orizzonte infinito
la doccia	le montagne	pranzo
prima colazione	ristorante	rullini di foto
soldi	spiaggetta	turiste francesi

F. Vero o falso? Indichi se le seguenti frasi sono vere o false e poi corregga quelle false.

		Vero	**Falso**
1.	Gabriella e Piero vanno a Sassari.	___	___
2.	Hanno prenotato i biglietti prima.	___	___
3.	Gabriella paga con Mastercard.	___	___
4.	Piero e Gabriella hanno molto bagaglio.	___	___
5	Piero prende il posto finestrino.	___	___
6.	A Piero piacerebbe comprare una barca a vela.	___	___
7.	Piero ha scattato quattro rullini di foto oggi.	___	___
8.	Secondo Gabriella, Piero dovrebbe lavorare di più.	___	___

Espansione

G. Informazioni. Lei lavora al centro informazione dell'aeroporto della sua città. Arriva un gruppo di turisti italiani che le fanno le seguenti domande. Come risponde?

— Scusi, lei parla italiano?

— _____

— Mi potrebbe dire dov'è l'uscita numero 24?

— _____

— Signore/Signorina, dove sarebbe la biglietteria per l'Alitalia?

— _____

— Scusi, ci sono i mezzi pubblici per andare in centro?

— _____

— Posso pagare con soldi italiani?

— _____

— Dove sarebbe possibile cambiare soldi?

— _____

— Dove posso trovare il mio bagaglio?

— _____

H. Vacanze in Sardegna. Lei è tornato/a da una breve vacanza in Sardegna. Racconti tutto quello che le è successo: se le è piaciuta la Sardegna, se si è divertito/a, che tempo faceva, che cosa ha fatto.

_____

_____

_____

_____

_____

_____

_____

Module 10

Vocabolario

cantante	*singer*
esaurito	*sold out*
musica leggera	*popular music*
prendere in giro	*to poke fun at*
ringraziare	*to thank*
ritirare	*to pick up*
scommettere	*to bet*
serata	*evening*
strillare	*to scream*
tagliando	*coupon*
tempio	*temple*

Espansione

A. Opera o pop? In questo video, Gabriella e Piero parlano della musica popolare e dell'opera lirica. Indichi con una *P* le frasi che si riferiscono alla musica popolare e con un' *O* quelle che parlano di opera.

1. _____ Io adoro la discoteca e mi piace ballare.

2. _____ Ho comprato un nuovo compact disc con delle canzoni di Pino Daniele.

3. _____ I biglietti per il Teatro San Carlo sono difficilissimi da trovare.

4. _____ Ho due prenotazioni per il *Rigoletto* di Giuseppe Verdi.

5. _____ No, non mi piace ascoltare grasse cantanti che strillano per delle ore.

6. _____ Ecco il Teatro alla Scala, il tempio della lirica!

7. _____ Stasera in piazza c'è un complesso che presenta canzoni napoletane. Vogliamo andarci?

B. Come rispondere? Indichi la risposta appropriata ad ogni frase o domanda. Metta un cerchio intorno alla lettera della risposta giusta.

1. Ho un programma grandioso per stasera.
   a. Dove andiamo?
   b. Dove sono andati?

2. Non ci posso credere! Tu non conosci la pizza napoletana?
   a. No, non l'ho mai provata.
   b. No, non l'hai mai visto.

3. I biglietti sono difficili da trovare?
   a. Sì, ci sono più di duecento.
   b. Sì, bisogna prenotarli tre settimane prima.

4. Come sai che il negozio è chiuso?
   a. Ci sono stato ieri.
   b. Ci andrò domani.

5. Scommetto che hai fame.
   a. È vero. Ho voglia di vederlo.
   b. È vero. Non mangio da stamattina.

6. Sei molto gentile! Non so come ringraziarti.
   a. Mi puoi offrire una cena.
   b. Ti devo dare cento dollari.

C. **Le interessa l'opera?** Risponda alle seguenti domande secondo i suoi gusti.

1. Lei ha mai visto un'opera italiana? Quale?

   _____

2. Quale impressione ha dell'opera lirica?

   _____

3. Le piacerebbe andare a uno dei famosi teatri italiani, il San Carlo, la Scala, la Fenice? Per vedere che cosa?

   _____

   _____

4. Se lei ha voglia di sentire un po' di musica che cosa fa?

   _____

5. Assiste mai ai concerti? Di che tipo? Come si comprano i biglietti?

   _____

   _____

Comprensione

D. Chi lo ha fatto? Indichi se le seguenti frasi si riferiscono a Piero *(P)* o a Gabriella *(G)*.

1. _____ Suggerisce di andare a sentire un concerto di musica napoletana.

2. _____ Sta guardando il programma per il Teatro San Carlo.

3. _____ Crede che il San Carlo sia un cinema.

4. _____ Ha prenotato due biglietti per il San Carlo.

5. _____ È molto felice di andare allo spettacolo.

6. _____ Dice di avere alcuni compact disc a casa.

7. _____ Vuole mangiare una pizza napoletana dopo lo spettacolo.

8. _____ Chiede se ci sono posti più centrali.

E. Frasi complete. Completi le seguenti frasi con informazione dal video.

1. Gabriella crede che a Piero piaccia solo _____.

2. Per il programma di stasera Piero propone _____.

3. Ma Gabriella preferisce _____.

4. Gabriella crede che i biglietti per il Teatro San Carlo siano _____

_____.

5. Il giorno prima Piero è andato _____.

6. Gabriella è molto sorpresa perché _____

_____.

7. Vanno alla biglietteria del teatro per _____.

Espansione

F. **Alla biglietteria.** Lei è andato/a alla biglietteria del teatro dell'opera per comprare due biglietti per lo spettacolo di domani sera. Completi la conversazione con quello che lei dice al bigliettaio.

— Buongiorno signorina/signore. Che cosa desidera?

— _____

— Per quale spettacolo?

— _____

— Lei è fortunato/a! Ci sono ancora due posti in orchestra.

— _____

— Trentacinquemila lire il biglietto.

— _____

— Sì, eccoli qua, in questa posizione.

— _____

— Sì, sì, le assicuro. Lei potrà vedere benissimo lo spettacolo.

— _____

— Alle 20,30.

— _____

— Prego. Arrivederla.

G. **Un invito.** Scriva un breve messaggio elettronico ad un amico/un'amica. Scriva che ha due biglietti per un determinato concerto. Dica quale concerto è, dove e quando si svolgerà il concerto e inviti l'amico/a a venire con lei.

_____

_____

_____

_____

_____

H. **Il giorno dopo.** Gabriella e Piero sono andati ieri sera a sentire il *Rigoletto* al Teatro San Carlo. Adesso Gabriella telefona alla sua zia Amalia e le racconta tutto quello che è successo. Scriva quello che Gabriella dice.

_____

_____

_____

_____

_____

_____

_____

Module 11

Vocabolario

accadere	*to take place*
cascarci	*to fall into a trap*
corona	*crown*
diversi	*several*
edicola	*newsstand*
faticoso	*tiresome*
Figurati!	*Just imagine!*
lettura	*reading*
proporre (propongo)	*to propose*
scambiare	*to exchange*
scrittura	*writing*
secolo	*century*
sguardo	*glance*
verso	*line of poetry*

Preparazione

A. Vocabolario letterario. Trovi la definizione per ogni parola o espressione.

1. _____ cascarci

2. _____ Che peccato!

3. _____ davvero

4. _____ dialetto

5. _____ faticoso

6. _____ gentile

7. _____ poesia

8. _____ scrittura

9. _____ talento

10. _____ verso

a. veramente
b. un'opera letteraria
c. la capacità naturale per fare una cosa
d. difficile e stancante
e. una parte di una poesia
f. l'atto di scrivere
g. essere preso in una trappola
h. cortese e simpatico
i. una versione regionale di una lingua
j. Mi dispiace molto!

B. Ad una lettura di poesie. La lettura di poesia è appena finita. Indichi quali sono le reazioni appropriate.

1. _____ Brava! Lei ha recitato proprio bene!

2. _____ Spero che il cameriere arrivi fra poco.

3. _____ Magnifico quel primo verso: Chiare, fresche e dolci acque.

4. _____ Non sapevo che tu sapessi scrivere così bene.

5. _____ Mi è piaciuto in particolare il tema amoroso.

6. _____ Bravo! Lei sa davvero tutto della cucina.

7. _____ Non capisco niente in questa guida turistica!

8. _____ Mi è piaciuto molto. Quando sarà il prossimo incontro?

9. _____ Adesso vorrei leggere una cosa che ha scritto un mio amico.

C. Gusti letterari. Scriva il nome . . .

1. di tre riviste che lei legge regolarmente.

   _____ , _____ , _____

2. di un giornale che legge regolarmente.

   _____

3. di due scrittori che le piacciono.

   _____ e _____

4. di un poeta che le piace.

   _____

5. del libro più recente che lei ha letto.

   _____

6. del libro più bello che lei abbia mai letto.

   _____

7. di un verso di poesia che lei ricorda (traduca in italiano!).

   _____

Comprensione

D. Quali riviste? Nella prima parte del video, Piero compra alcune riviste. Metta un cerchio intorno alle riviste menzionate.

Amica	*Autosprint*
Espresso	*Il Messaggero*
Il Vernacoliere	*La Gazzetta dello Sport*
La Stampa	*Panorama*
Paperino	*Time*

E. Chi lo dice? Indichi chi pronuncia le seguenti frasi, Gabriella (G), Piero (P) o Francesco (F).

1. _____ Ci sei cascata!

2. _____ Dobbiamo riprendere a lavorare.

3. _____ È molto simpatico. Molto più di te.

4. _____ Furono proprio Dante, Boccaccio e Petrarca a fondare la lingua italiana.

5. _____ Non sapevo di questo tuo interesse per la letteratura.

6. _____ Sai quanto era faticoso studiare Dante!

7. _____ Se torni a Firenze, chiamami.

8. _____ Sei geloso?

9. _____ Sono contento che vi sia piaciuto.

10. _____ Sport e motori. Lo sapevo!

F. Alcune domande. Risponda alle domande con frasi complete.

1. Che cosa compra Piero all'edicola? Quanto paga?

   _____

2. Chi conosce a Firenze Piero?

   _____

3. Che cosa propone Piero per stasera?

   _____

4. Per che cosa è famoso il caffè Giubbe Rosse?

   _____

5. Chi sono i tre poeti famosi menzionati da Piero? Perché erano importanti?

_____

6. Cosa ha pensato Gabriella della lettura di poesia?

_____

7. Perché Francesco vuole che Gabriella lo chiami?

_____

8. Piero è geloso del suo amico? Perché?

_____

Espansione

G. Francesco, sei adorabile! Gabriella torna a Torino ma ha voglia di parlare con Francesco, il poeta fiorentino amico di Piero. Gli telefona, ma lui non c'è e risponde la segretaria telefonica. Scriva il messaggio che Gabriella lascia a Francesco.

_____

_____

_____

_____

_____

H. Come finisce questa storia? Ha visto che nell'ultima città Piero e Gabriella hanno litigato un po'. Cosa crede che succeda dopo? Piero e Gabriella saranno ancora amici? Continueranno a lavorare insieme? Finiranno il libro? O forse non si parleranno più. Cosa ne pensa lei?

_____

_____

_____

_____

_____

_____

Module 12

Vocabolario

Acqua in bocca!	*Mum's the word!*
Complimenti!	*Good job!*
firmare	*to sign*
impegnativo	*demanding*
in gamba	*cool, capable*
meglio	*better*
recensione	*review*
rendersi conto	*to realize*
tenere d'occhio	*to keep an eye on*

Preparazione

A. Definizioni. Scelga dalla lista di vocabolario una parola o espressione che completa ogni frase. Scriva la forma corretta della parola o espressione.

1. Vieni qua, Piero. Marco vuole che tu _____ il contratto.

2. Il libro è venuto benissimo. Avete fatto un bel lavoro! _____ !

3. Mi hanno offerto un nuovo lavoro, ma per adesso, _____ ! Non lo deve sapere nessuno.

4. In effetti, preferisco lavorare con Gabriella; è una persona veramente _____ .

5. Tu devi _____ il tuo collaboratore. È un po' pazzo e capace di fare qualsiasi cosa.

6. Prima non lo sapevo, ma ora _____ che non avrei potuto finire il libro senza il tuo aiuto.

7. Il primo progetto era molto semplice. Questo nuovo invece è un lavoro veramente

    _____ .

B. Paesi europei. Abbini i seguenti paesi europei con le loro capitali.

1. _____ Austria
2. _____ Belgio
3. _____ Danimarca
4. _____ Francia
5. _____ Germania
6. _____ Gran Bretagna
7. _____ Grecia
8. _____ Polonia
9. _____ Spagna
10. _____ Svizzera

a. Berna
b. Vienna
c. Madrid
d. Bruxelles
e. Varsavia
f. Copenhagen
g. Atene
h. Parigi
i. Londra
j. Berlina

Comprensione

C. Frasi false. Tutte le seguenti frasi sono false. Le corregga, secondo quello che vede nel video.

1. Le recensioni del libro sono negative.

   _____

2. Marco vuole discutere il vecchio progetto.

   _____

3. Piero dovrà viaggiare in Italia.

   _____

4. È un lavoro molto facile.

   _____

5. Piero ha già firmato il contratto.

   _____

6. La partenza sarebbe tra cinque settimane.

   _____

7. Piero lavora peggio da solo.

_____

8. Piero vuole che sua madre venga con lui.

_____

D. Alcune domande. Risponda alle domande con frasi complete.

1. Dove sono Piero e Gabriella?

_____

2. Marco è contento di come è venuto il libro? Perché?

_____

3. Dove dovrà andare Piero per il nuovo progetto?

_____

4. Quando dovrà partire?

_____

5. Che cosa propone Piero a Gabriella?

_____

6. Qual è la risposta di Gabriella?

_____

Espansione

E. Il nuovo progetto. Si ricorda quando Piero e Gabriella hanno progettato il loro viaggio in Italia all'inizio del video? Immagini come inizia *Parliamo italiano II*. I due giovani parlano del viaggio europeo. Scriva un dialogo di almeno dodici battute in cui discutono quali paesi visitare in quale ordine e con quali mezzi.

— _____

— _____

— _____

— _____

— _____

— _____

— _____

— _____

— _____

— _____

— _____

— _____

F. **Una guida turistica.** Le piacerebbe fare il lavoro di Piero e Gabriella? Scriva una breve proposta *(proposal)* per una guida turistica di una zona del mondo che preferisce lei. Come sarà questo libro? Quali paesi o città descriverà? Perché sarà originale? Avrebbe bisogno di un collaboratore? Chi?

_____

_____

_____

_____

_____

_____

_____

_____